商标法通识

袁律师说
新《商标法》

袁春晓——著

知识产权出版社
全国百佳图书出版单位
—北京—

图书在版编目（CIP）数据

商标法通识：袁律师说新《商标法》/袁春晓著. —北京：知识产权出版社，2020.6
ISBN 978-7-5130-6871-0

Ⅰ.①商… Ⅱ.①袁… Ⅲ.①商标法—研究—中国 Ⅳ.①D923.434

中国版本图书馆CIP数据核字（2020）第060263号

内容提要

本书以2019年《中华人民共和国商标法》为蓝本，从专业律师的视角具体分析商标法的内容，对商标法修改的部分条文着重进行了解读。

商标作为区分商品和服务来源的重要标识，在企业的商业竞争中越来越重要，在未来的商业竞争中具有举足轻重的作用。本书内容通俗易懂，以逐条解释的方法进行，无论是对初学者还是具备一定商标基础知识的读者来说，都是一本难得的读本。

责任编辑：龚 卫 李 叶　　　　责任印制：刘译文
封面设计：博华创意·张冀

商标法通识——袁律师说新《商标法》
SHANGBIAOFA TONGSHI——YUANLÜSHI SHUO XINSHANGBIAOFA

袁春晓 著

出版发行：知识产权出版社有限责任公司		网　址：http://www.ipph.cn		
电　话：010-82004826		http://www.laichushu.com		
社　址：北京市海淀区气象路50号院		邮　编：100081		
责编电话：010-82000860转8120		责编邮箱：laichushu@cnipr.com		
发行电话：010-82000860转8101		发行传真：010-82000893		
印　刷：三河市国英印务有限公司		经　销：各大网上书店、新华书店及相关专业书店		
开　本：880mm×1230mm　1/32		印　张：8.75		
版　次：2020年6月第1版		印　次：2020年6月第1次印刷		
字　数：212千字		定　价：49.00元		
ISBN 978-7-5130-6871-0				

出版权专有　侵权必究
如有印装质量问题，本社负责调换。

序

2018年，党中央、国务院将知识产权工作提到了前所未有的高度。习近平总书记在"博鳌亚洲论坛2018年年会"开幕式上的主旨演讲中强调，加强知识产权保护是完善产权保护制度最重要的内容，也是提高中国经济竞争力最大的激励。国务院就知识产权工作作出一系列重要部署。

根据商标局官网公布的《2019年第一季度商标工作情况分析》中的数据，2019年第一季度，我国商标注册申请量为155.2万件，同比增长1.89%，与去年同期基本持平。新增注册商标181.4万件，同比增长54.07%。商标累计申请量3676.5万件，累计注册量2412.2万件，有效注册商标量2119.5万件，平均每5.3个市场主体拥有一个有效商标。随着商标注册申请量的不断增加，商标专用权必将成为企业重要的知识产权。

随着律师队伍的逐渐壮大以及律师业务专业化趋势越来越明显，实践中，大量的律师事务所和商标代理机构参与到商标业务中来。商标代理业务及商标诉讼业务具有较强的专业性，无论是对于商标代理师、商标审查员还是对于从事商标诉讼业务的律师等来说，都要求具有一定程度的专业知识，这一切都应当从商标法的基本法律条文和基本概念着手，进行学习研究。

袁春晓律师是江苏昆成律师事务所的主任律师，其同时是专利代理师和商标代理人，其编写的《商标法通识》一书对法律条文逐条进行解析，并针对其中存在关联的条款进行说明，对于其中的法律概念进行有针对性的解析，尤其是对关键法律概念，如相关公众、同一种或者类似商品、相同或者近似商标、混淆及误导公众等多次出现的法律概念进行解析。作者的解析深入浅出，非常便于刚入门的读者学习和理解。

作者作为一个非法学科班出身的律师，从事律师职业多年，勤勤恳恳，不断向新的领域探索，在繁忙的律师业务处理和律所管理之余，潜心商标法学理论研究，完成了这本浅显易懂的商标基本法条解读著作。在此，我向各位读者推荐此书，我相信大家一定会开卷有益。

昆山市律师协会会长

自　序

最初接触商标法是在 2015 年。一个商标注册申请的案件，让笔者有机会拜读了商标法的 73 个条款，并参照商标法实施条例进行了学习。读罢，深感小小商标法蕴含的内容无限。于是接下来的几年中，相继学习了一些关于商标法的专著、司法解释以及相关的案例，对于如何判断商标近似以及如何确定商标专用权的权利边界有着莫名的模糊与清晰，相互交叉，不断变换。

《商标法》共计 73 条，条条互联，款款清晰，结构完整。笔者认为，整部商标法基本可以分为四大主线：一是商标注册申请主线，二是商标使用管理主线，三是商标权利维护主线，四是商标主管部门及商标代理机构主线。详细介绍如下。

一、商标注册申请主线

《商标法》第四条规定了商标申请的主体，该主体根据生产经营活动的需要，依据《商标法》第三条规定的商标类别，同时依据《商标法》第二十二条的规定提出商标注册申请。如有必要，可依据《商标法》第五条提出共同申请，并依据《商标法》第七条以及第二十七条提供真实、准确、完整的材料。要求优先权的，应当依据《商标法》第二十五条、第二十六条规定提出优先权的相关证明文件。商标局收到商标注册申请文件后，依据《商标法》第四条、第八条、第九条、第十条、第十一条、第十二条、第十条第二款和第三款、第十五条、第十六条第一款、第十九条第四款、第三十条、第三十一条、第三十二条，经审查符合该法规定的，依据《商标法》第二十八的规定，初步审定并公告。公告期间，相关社会公众可以依据《商标法》第三十三条提出异议。异议应当向商标局提出，商标局依据《商标法》第三十四条进行审查并作出是否准予注册的决定。当事人不服该决定的，可以依据《商标法》第三十四条进行救济；法定期限期满未申请复审或者向人民法院起诉的，依据《商标法》第三十五条确定是否维持注册商标专用权的决定以及商标专用权取得时间。核准注册的商标需要在其他商品类别上使用的，依据《商标法》第二十三条另行提出申请；需要改变标志的，依据《商标法》第二十四条重新提出申请。强制注册申请的法律依据是《商标法》第六条，违反该规定的，依据《商标法》第五十一条进行行政处罚。

二、商标使用管理主线

依据《商标法》第三十九条的规定，注册商标专用权的期限是十年。期满继续使用的，应当依据《商标法》第四十条办理续展注册手续；宽展期满未办理续展注册手续，由中华人民共和国国家工商行政管理总局商标局❶依据《商标法》第四十九条进行撤销。取得商标专用权后应当依据《商标法》第四十八条的规定进行使用，不使用或者成为通用名称的，由商标局依据《商标法》第四十九条的规定予以注销。注册商标使用过程中，需要变更注册事项的，依据《商标

---

❶ 2018年11月15日《中央编办关于国家知识产权局所属事业单位机构编制的批复》（中央编办复字〔2018〕114号）规定，将原国家工商行政管理总局商标局连同商标评审委员会、商标审查协作中心整合为国家知识产权局商标局。但是，2019年《商标法》修改时未进行变更。因此，为了表述的准确性，本书中凡是涉及商标局、商标评审委员会以及工商行政管理部门的称谓，还是使用商标法条文中规定的表述。

法》第四十一条提出变更申请；需要转让的，依据《商标法》第四十二条提出转让申请；许可他人使用的，依据《商标法》第四十三条办理。

使用商标过程中，违反《商标法》第十四条第五款的，依据《商标法》第五十三条进行处罚。违反《商标法》第十条规定的，依据《商标法》第五十二条进行处罚。

核准注册的商标违反《商标法》第四条、第十条、第十一条、第十二条、第十条第二款和第三款、第十五条、第十六条第一款、第十九条第四款、第三十条、第三十一条、第三十二条的，由商标局或者相关社会公众依据《商标法》第四十四条、第十五条宣告无效。为避免因商标无效产生不必要的纠纷，《商标法》第四十七条特别规定不具有溯及力的问题。

三、商标权利维护主线

《商标法》第五十六条规定了商标权利范围，出现《商标法》第五十七规定的侵害商标权行为的，当事人依据《商标法》第六十条的规定在行政处理和司法处理中选择维权方式。工商行政管理机关可以依据《商标法》第六十一条、第六十二条进行处理。司法机关根据《商标法》第六十三条、六十四条进行处理，并以当事人的请求依据《商标法》第六十五条、第六十六条采取财产保全和证据保全措施；涉嫌犯罪的，依据《商标法》第六十七条追究刑事责任。被控侵权人可依据《商标法》第五十九条、第六十四条进行正当使用和不予赔偿损失的抗辩。不构成商标侵权行为的，当事人依据《商标法》第五十八条规定的不正当竞争处理。

四、商标主管部门及商标代理机构主线

《商标法》第二条规定了商标局为商标事务的主管机关，其应当依据《商标法》第六十九条依法行政；违反规定的，依据《商标法》第七十一条进行处理。

商标代理机构从事代理活动的法律依据是《商标法》第十七条、第十八条、第十九条；违反规定的，依据《商标法》第六十八条进行处罚。

商标的生命在于使用，目的是将商品和服务与他人的商品和服务分开，以便于消费者进行选择。随着商标使用者不断的使用和宣传，商标知名度越来越高，其排斥力也越来越大，故商标使用的结果是不但区分了商标和服务的来源，也同时区分不同的消费者。

本书在撰写过程中参考了胡开忠、黄晖及冯术杰等教授的专著，并引用了商标局官网相关内容以及中国人大网发布的关于《商标法释义》等内容。在对《商标法》第十条、第十一条、第十二条等条文进行解读以及解释相关名词含义时，更多的是参照《商标审查及审理标准》的内容进行解释与解读。在此一并表示深深的感谢。

袁春晓
于江苏昆山香榭水岸花园

目录 /CONCENTS

第一章 总则　001

第一条	立法宗旨	001
第二条	商标主管部门及职能	006
第三条	注册商标分类及保护	009
第四条	商标注册申请主体、取得途径及使用目的	014
第五条	共同申请及权利共有	019
第六条	强制注册	023
第七条	诚实信用原则	026
第八条	商标构成要素	029
第九条	申请商标注册的显著特征	033
第十条	禁止作为商标使用的标志	035
第十一条	不得作为商标注册的情形	042
第十二条	三维标志不得作为商标注册的限制	046
第十三条	驰名商标的保护	050
第十四条	驰名商标的认定	055
第十五条	禁止恶意注册	061
第十六条	地理标志	065

第十七条	外国人或外国企业申请注册商标的权利	069
第十八条	商标代理	071
第十九条	商标代理机构行为规范	074
第二十条	商标代理行业组织及职责	078
第二十一条	商标国际注册	081

第二章
商标注册的申请

082

第二十二条	商标注册申请的提出	082
第二十三条	另行申请	090
第二十四条	重新注册	093
第二十五条	外国优先权	095
第二十六条	展会优先权	099
第二十七条	申请商标注册的行为规则	102

第三章
商标注册的审查和核准

104

第二十八条	初步审查	104
第二十九条	说明或修正	108
第三十条	驳回申请	111
第三十一条	申请在先原则	114
第三十二条	保护在先权利与禁止抢先注册	116
第三十三条	异议程序和核准注册	119
第三十四条	驳回申请的救济程序	123
第三十五条	商标异议的处理程序	127
第三十六条	决定生效及权利取得时间	133
第三十七条	及时审查	136

第三十八条　更　正 ········· | 138

第四章
注册商标的续展、变更、转让和使用许可
140

第三十九条　注册商标专用权期限 ········· | 140
第四十条　　商标续展 ················· | 142
第四十一条　商标变更 ················· | 145
第四十二条　商标转让 ················· | 147
第四十三条　商标使用许可 ············· | 151

第五章
注册商标的无效宣告
155

第四十四条　违反绝对事由的有效程序 ····· | 155
第四十五条　违反相对事由的无效程序 ····· | 161
第四十六条　无效审查决定及裁定的生效 ··· | 167
第四十七条　无效的法律效力 ··········· | 169

第六章
商标使用的管理
173

第四十八条　商标使用 ················· | 173
第四十九条　注册商标的撤销 ··········· | 176
第五十条　　一年内不予核准 ··········· | 182
第五十一条　违反强制注册的法律责任 ····· | 185
第五十二条　不当使用未注册商标的法律责任 ··· | 187
第五十三条　违法使用驰名商标字样的
　　　　　　法律责任 ················· | 189
第五十四条　撤销决定的救济程序 ······· | 191
第五十五条　撤销决定生效及其效力 ····· | 194

第七章
注册商标专用权的保护 — 196

- 第五十六条　注册商标专用权的权利范围 …… | 196
- 第五十七条　侵犯商标权的行为 ………………… | 198
- 第五十八条　构成不正当行为的处理依据 …… | 205
- 第五十九条　注册商标专用权的限制 …………… | 208
- 第六十条　　侵权的处理 ………………………… | 212
- 第六十一条　侵权查处及司法移送 ……………… | 217
- 第六十二条　有权处理部门的职权 ……………… | 219
- 第六十三条　侵权赔偿数额 ……………………… | 224
- 第六十四条　不承担赔偿责任的情形 …………… | 232
- 第六十五条　诉前禁令和财产保全 ……………… | 236
- 第六十六条　诉前证据保全 ……………………… | 241
- 第六十七条　刑事责任 …………………………… | 244
- 第六十八条　商标代理机构的法律责任 ………… | 250
- 第六十九条　国家机关工作人员的行为规范 …… | 255
- 第七十条　　内部监督 …………………………… | 257
- 第七十一条　国家机关工作人员的法律责任 …… | 259

第八章
附　则 — 263

- 第七十二条　商标事宜应当缴纳费用 …………… | 263
- 第七十三条　施行日期及效力 …………………… | 265

后　记 — 267

第一章
总　则

第一条　立法宗旨

【第一条】为了加强商标管理，保护商标专用权，促使生产、经营者保证商品和服务质量，维护商标信誉，以保障消费者和生产、经营者的利益，促进社会主义市场经济的发展，特制定本法。

本条是关于商标法立法宗旨的规定。该条作为《商标法》第一条，起到了提纲挈领的作用。其直接指明了商标法的立法宗旨，也就是商标法所要达到的任务和目标是加强商标管理，保护商标专用权，促使生产经营者保证商品和服务的质量，维护商标信誉，保障消费者、生产经营者的利益，达到促进社会主义市场经济发展的价值导向。

该条所称的加强商标管理，是指为保障商标的识别功能和有效发挥商标在生产经营活动中的作用，需要国家通过立法进行必要的管理，包括商标使用管理和商标印制管理。商标作为现代经济产物中区分商品和服务来源的重要标志，大量用于生产经营活动中。生产经营实践中，一些企业将真正能够区别商标和服务来源的标志用于生产经营活动中，还有一些企业将一些标识简单,或与国家名称、政府、机关以及外国国家名称、政府、组织相同或者近似,以及可能会产生不良影响或者其他通过不正当手段获取的标识进行使用,这不仅起不到发挥商标功能的作用,甚至有损社会公共利益,还会破坏我国的商标市场管理秩序。为此,《商标法》第十条、第十三条第二款和第三款、第十五条以及第十六条等都规定了不得使用的情形。《与贸易有关的知识产权协定》(简称《TRIPS协定》)第十五条规定:"能够将一个企业的商品或者服务同另一个企业的商品或者服务区别开来的任何标注或者标志的任何组合,都可以组成商标。"但对于一些不具备识别功能,以及不符合生产经营实际的标识或者受现有商标注册技术条件的限制不能作为商标注册的情形,我国商标法明确规定不得进行注册,如第八条、第十一条、第十二条等所列出的情况,尤其是第八条,明确了商标的构成要素。关于商标印制的管理具体规定在2004年9月1日施行的《商标印制管理办法》中,违反商标印制管理规定的,由工商行政管理部门依据商标的有关规定予以处理,商标印制单位的违法行为构成犯罪的,移送司法机关追究刑事责任。

本条所称的保护商标专用权,是指经商标局核准注册的商标,国家对该商标注册人对于其注册商标专用权以及禁止他人侵害的权利给予保护。商标专用权的保护范围是以核定使用的商品和核准注册的商标为限,商标专用权的权能包括占有、使用、收益、处分,其中使用也包括许可他人使用,处分包括转让、放弃、赠与等行为。给予商标注册人的专用权强有力的保护,商标注册人才会对其使用的商标投入更多的精力和成本,进而提升商品和服务的质量。为此《商标法》第五十七条、《中华人民共和国商标法实施条例》(简称《商标法实施条例》)第七十五条、第七十六条以及司法解释等均对侵犯注册商标专用权的行为表现形式进行明确规定，在《商标法》第六十条规定了行政和司法的维权救济方式，第六十三条还规定了赔偿损失的计算方式等，情节严重的，还可能涉嫌刑事犯罪。

本条所称的促使生产经营者保证商品和服务的质量，是指通过国家立法和市场的力量促使生产、经营者对其标识该商标的商品和服务的质量负责。使用于商品和服务的商标通常是与商品和服务的质量紧密相连，消费者往往是一听到某个品牌马上就联想到该品牌对应商品和服务的质量。如前所述，商标的重要功能就是区分商品和服务的来源，是消费者对于某一品牌的商品和服务认可的一个重要分辨渠道，可能是消费者作出购买决定的重要考量因素。消费者作出购买决定源于消费者信赖该商标所标识的商品和服务的质量，也就说该消费者通过过往的使用经历、他人的传说以及各种媒介的宣传等因素，对于该商标所标识的商品和服务的质量产生了极度的信赖。相反，若该商标所标识的商品和服务的质量出现了粗制滥造、品质把关不严等因素，势必损害消费者的合法权益。为此，《商标法》第七条规定，生产经营者使用商标，应当遵循诚实信用原则；商标使用人应当对使用该商标的商品质量负责，各级工商行政管理部门通过商标管理，制止欺骗消费者的行为。

本条所称的维护商标信誉，是指维护商标在消费者心目中的良好印象，该良好印象能够给生产、经营者带来一定的市场价值。商标作为知识产权的一种，属于企业的无形财产，商标本身的市场价值大小与信誉度高低有着非常紧密的联系，信誉度高的商标，如华为、小米以及国外的苹果、可口可乐等都是价值连城的商标。现在的消费者无论是购买商品还是接受服务，都是看牌子，因此品牌知名度高、信誉良好的商品或者服务必将受到市场的欢迎，生产、经营者必将因此获得更多的经济利益。当生产经营者从良好的商标信誉中获益之后，其会投入更多的成本提高商品或服务的质量和品牌的宣传，这是一个良性的循环。由此可见，商标信誉度越好，其价值就越大，而商标价值是由商标使用的时间、使用的范围、商品销售市场、商品质量、消费者心理等因素综合决定的。

本条所称的保障消费者和生产、经营者的利益，是指通过商标管理，制止欺骗消费者的行为，同时确保生产、经营者的利益不受损害。如保障消费者知悉其购买、使用的商品或者接受的服务的真实情况的权利，保障消费者自主决定购买何种商品和服务的权利，保障消费者购买的商品和服务的质量与生产、经营者宣称的商品和服务的质量相符等。保证生产、经营者的合法权益不受侵害，如商标侵权行为、不正当竞争行为等损害了生产、经营者的合法权益。为此，《中华人民共和国消费者权益保护法》规定了消费者权益受到侵害的救济途径和赔偿措施，《商标法》及《反不正当竞争法》规定了侵害商标权以及构成不正当竞争行为的救济途径和赔偿措施等。

本条所称的促进社会主义市场经济发展，是指在市场经济发展过程中，商标发挥着区分商品和服务来源的巨大作用。依法做好商标宣传和充分发挥商标制度的作用，不但能够迫使生产、经营者保证商品和服务的质量，并且能够更好地促进社会主义市场经济的发展。

一个商标经过长期使用，再加上生产、经营者大力宣传，巨额的广告投入，商标将不断得到消费者的认可，进而该商标所标识的商品和服务的质量被认可，商品和服务市场不断扩大，生产、经营者的利润不断增加，生产、经营者就更愿意投入巨资对商标进行宣传并不断地保证商品和服务的质量，商标的品牌价值也不断攀升，如大家熟知的华为、海尔、格力等驰名品牌。商标与商品和服务的质量形成一一对应关系，国家通过立法或者行政政策对于商标专用权形成强有力的保护，当商标不再被假冒，商标市场经营者不再唯利是图铤而走险时，消费者在支付对价购买相应品牌的商品时自然会取得其所期望的产品质量，消费者的利益自然得到保障；生产、经营者在投入巨额资本进行商标宣传时没有出现恶意假冒甚至劣质商品时，其所期待的市场利益自然会显现，其自然更愿意投入巨资进行商品研发以及质量提升，进而其经济利益得到保障，社会主义市场经济才能有序发展。

第二条　商标主管部门及职能

【第二条】国务院工商行政管理部门商标局主管全国商标注册和管理的工作。

国务院工商行政管理部门设立商标评审委员会，负责处理商标争议事宜。

本条是关于商标局和商标评审委员会职责分工的规定。

本条所称的国务院工商行政管理部门，是指原国家工商行政管理总局，经机构合并，现更名为国家市场监督管理总局。根据2018年3月第十三届全国人民代表大会第一次会议批准的国务院机构改革方案，将国家工商行政管理总局的职责、国家质量监督检验检疫总局的职责、国家食品药品监督管理总局的职责、国家发展和改革委员会的价格监督检查与反垄断执法职责、商务部的经营者集中反垄断执法以及国务院反垄断委员会办公室等职责整合，组建国家市场监督管理总局，作为国务院直属机构。由此可见，这里的国务院工商行政管理部门应该变更为国家市场监督管理总局。

本条所称的商标局，是指主管全国商标注册和管理工作的机关。依据2019年3月26日《国家知识产权局关于印发〈商标局职能配置、内设机构和人员编制规定〉的通知》（国知发人字〔2019〕19号）规定可知，商标局主要职责为：承担商标审查注册、行政裁决等具体工作；参与商标法及其实施条例、规章、规范性文件的研究制定；参与规范商标注册行为；参与商标领域政策研究；参与商标信息化建设、商标信息研究分析和传播利用工作；承担对商标审查协作单位的业务指导工作；组织商标审查队伍的教育和培训；完成国家知识产权局交办的其他事项。

商标局原隶属于国家行政管理总局，2018年3月中共中央印发的《深化党和国家机构改革方案》第四十三条规定，将原国家工商行政管理总局的商标管理职责整合到重新组建的国家知识产权局。新组建的国家知识产权局的主要职责包括：商标的注册登记和行政裁决，指导商标执法工作，依职权或应权利人请求查处侵犯注册商标专用权行为，保护商标权人和消费者的合法权益等。机构合并后，商标局隶属于国家知识产权局，由此可见，现在的名称应为国家知识产权局商标局。

本条所称的商标评审委员会，原是指主管全国的商标争议工作处理的机构，2018年3月中共中央印发的《深化党和国家机构改革方案》规定原商标评审委员会的主要职责由国家知识产权局实施，其职责主要为：依据《商标法》第三十四条的规定对商标局驳回的商标注册申请，应当事人请求进行复审；依据《商标法》第三十五条及第五十四条的规定对商标局作出的不予注册裁定、商标撤销裁定，应当事人请求进行复审；依据《商标法》第四十四条及第四十五条的规定对当事人提出的商标无效宣告申请进行审理；依据《商标法》第三十四条、第三十五条、第四十四条、第四十五条及第五十四条的规定依法参加商标评审案件的行政诉讼；同时完成依据法律规定的其他工作。

我国现行的《商标法》由中华人民共和国第十三届全国人民代表大会常务委员会第十次会议于2019年4月23日通过，这是自1983年《商标法》实施后的第四次修改。从上述可知，早在2018年3月，包括商标局的隶属以及商标评审委员会的职能并入国家知识产权局等均在中共中央印发的

《深化党和国家机构改革方案》中进行了明确，2018年11月15日《中央编办关于国家知识产权局所属事业单位机构编制的批复》（中央编办复字〔2018〕114号）规定，将原国家工商行政管理总局商标局、商标评审委员会、商标审查协作中心整合为国家知识产权局商标局，是国家知识产权局所属事业单位。但《商标法》本次修改时并没有涉及商标局以及商标评审委员会进行变更等条款，诸如国务院工商行政管理部门商标局变更为国家知识产权局商标局、商标评审委员会变更为国家知识产权局商标评审委员会等，而是继续沿用原有的条款设计，不能不说有些遗憾。

第三条　注册商标分类及保护

【第三条】经商标局核准注册的商标为注册商标，包括商品商标、服务商标和集体商标、证明商标；商标注册人享有商标专用权，受法律保护。

本法所称集体商标，是指以团体、协会或者其他组织名义注册，供该组织成员在商事活动中使用，以表明使用者在该组织中的成员资格的标志。

本法所称证明商标，是指由对某种商品或者服务具有监督能力的组织所控制，而由该组织以外的单位或者个人使用于其商品或者服务，用以证明该商品或者服务的原产地、原料、制造方法、质量或者其他特定品质的标志。

集体商标、证明商标注册和管理的特殊事项，由国务院工商行政管理部门规定。

本条是关于注册商标分类及保护的规定。

本条第一款所称的注册商标，是指经商标局核准注册的商标。我国的商标制度采取的是自由注册制，除法律规定强制注册外，不要求强制注册；由生产、经营者根据生产、经营的实际需要决定是否进行注册。如《商标法》第四条规定，自然人、法人或者非法人组织在生产经营活动中，需要对其商品或者服务取得商标专用权的，应当向商标局申请商标注册，经商标局审查核准注册后，取得注册商标专用权。因此，只有提出注册申请并经核准注册的才能称之为注册商标；反之，未向商标局提出注册申请而作为商标进行使用的，则为未注册商标。商标注册人可以在商品、包装、容器及商品交易文书或者广告宣传、展览等商业活动中按照《商标法实施条例》第六十三条的规定标明注册商标或者注册标记。对于未注册商标，在不违反商标法强制性规定的情况下，可以作为商标使用，但不能标明注册商标或者注册标记。法律、行政法规规定必须使用注册商标的商品或者服务则必须使用注册商标，否则不得在市场上销售。

依据本条规定，注册商标共分四大类，分别为商品商标、服务商标、集体商标和证明商标。

第一款所称的商品商标，如胡开忠教授在《商标法学教程》❶中所说，是指生产、经营者因生产经营活动的需要，在其生产、制造、加工、拣选或者经销的商品上所使用的标志。其是由文字、字母、数字、图形、三维标志、颜色组合或者声音以及上述要素组合而形成的标志，除商标法规定不得注册或者禁止作为商标使用的情形外，均可以作为商标进行使用或者申请商标注册，目的在于区分商品的来源。例如，使用在汽车上的"宾利""劳斯莱斯""吉利""奇瑞"等商标，使用在电脑上的"联想""戴尔""惠普""神州"等商标，使用在洗衣机上的"海尔""西门子""三星""惠而浦"等都属于商品商标。

第一款所称的服务商标，是指服务的提供者在其提供的服务上所使用的区别于其他服务提供者的标志，其是由文字、字母、数字、图形、三维标志、颜色组合或者声音以及上述要素组合而形成的标志，除商标法规定不得注册或者禁止作为商标使用的情形外，均可以作为进行使用或者申请商标注册，目的在于区分服务的提供者，如用于宾馆业的"七天连

---

❶ 胡开忠. 商标法学教程 [M]. 北京：中国人民大学出版社，2008：17.

锁""锦江之星""澳门之星""如家精品"等,以及用于餐饮服务业的"金拱门""肯德基""真功夫"等商标都属于服务商标。

　　第一款所称的集体商标,是指以团体、协会或其他组织的名义注册,供该组织的成员在商事活动中使用,以表明使用者在该组织中的成员资格的标志。其是由文字、字母、数字、图形、三维标志、颜色组合或者声音以及上述要素组合而形成的标志。从本条第二款可知:第一,集体商标的申请人为团体、协会或其他组织,自然人不能申请集体商标,且须严格按照《集体商标、证明商标注册和管理办法》的规定提出注册申请;第二,只能是该集体组织成员在商事活动中使用,不是该集体组织的成员不能使用,该集体组织本身通常也不能使用,且只能在商事活动中使用,不能使用于其他领域;第三,集体商标使用的目的仅表明该使用者是该集体组织的成员,并不必然起到区分商品和服务来源的作用。因集体商标使用者众多,从宣传力度上来说,势必会形成强大的市场效应,自然也带来了丰厚的经济效益。同时,商品的生产、经营者或者服务的提供者还注册有商品商标或者服务商标的,也可以使用于该商品或者服务上,用于识别商品或者服务的来源,如"佛山陶瓷""沙县小吃""镇江香醋""库尔勒香梨""射阳大米"等商标都属于集体商标。

　　第一款所称的证明商标,是指由对某种商品或者服务具有监督能力的组织所控制,而由该组织以外的单位或者个人使用于其商品或服务,用以证明该商品或者服务的质量、主要原料、制造方法、原产地或者其他特定品质的标志。其是由文字、字母、数字、图形、三维标志、颜色组合或者声音以及上述要素组合而形成的标志。从本条第三款关于证明商标的定义可知:第一,证明商标的注册人必须对商品或者服务有一定的监督能力;第二,只能是由证明商标注册人以外的单位或者个人使用于其商品或者服务,证明商标注册人自己不能使用;第三,证明商标使用的目的是证明该商品或者服务的原产地、原料、制造方法、质量或者其他特定品质。从上述分析可知,证明商标使用的目的仅是证明商品的产地和品质或者其他特定品质,该证明商标的使用者想要将自己的商品或者服务与他人的商品或者服务区分开来,可以根据需要重新注册商品商标或者服务商标。因此,证明商标的实际价值就是让社会相关公众能够正确区分某一具有特定品质的商品或者服务的来源,保证相关消费者购买的商品、接受的服务与证明商标所标示的特定产品、服务质量相符,从而既保证证明商标所蕴含的商誉,也保证消费者的合法权益。例如,"阳澄湖大闸蟹""盱眙龙虾""五常大米""慈溪杨梅""湘西黑猪"等商标都属于证明商标。

上述是商标法明文规定的商标分类,实务当中一些学者按照不同情况进行了不同的分类,例如,根据使用者不同分为制造商标和销售商标,根据商标申请和使用主体不同分为个体商标、共有商标和集体商标;根据商标的知名度不同,分为普通商标、著名商标和驰名商标。制造商标的目的不仅在于区别不同的生产厂家,而且在销售经营中突出表示制造者❶,如我国海尔集团股份有限公司在冰箱和洗衣机上使用的"海尔"商标,深圳华为科技有限公司在其手机上使用的"华为"商标。所谓销售商标,是指在所销售商品上使用的商标,如欧尚超市有限公司使用的"欧尚及图形商标",昆山商厦股份有限公司使用的"昆山商厦及图形商标"等。

第一款所称的商标注册人享有商标专用权,是指注册商

---

❶ 胡开忠. 商标法学教程 [M]. 北京:中国人民大学出版社, 2008:18-21.

标申请人依据商标法提出商标注册申请，经核准后取得注册商标，可以享有以核定使用的商品和核准注册的商标为界限的专用权。这是一种专有使用权，不是一种排斥权，不具有排斥他人使用的权利，这与同为知识产权的专利权有着本质的不同。也就是说，该商标注册人享有禁止他人在同一种或者类似商品上使用与其注册商标相同或者近似商标的权利，在不考虑商标知名度的情况下，该商标注册人无权禁止他人在不相同或者不类似商品上使用与其注册商标相同或者类似的标识，也无权禁止他人在相同或者类似商品上使用与其注册商标不相同或者不相类似的标识。

第一款所称的受法律保护，是指任何单位和个人出现了《商标法》第五十七条，《商标法实施条例》第七十五条、第七十六条以及2002年10月16日施行的《最高人民法院关于审理商标民事纠纷案件适用法律若干问题的解释》第一条、第二条等侵犯注册商标专有权行为的，均应当依法承担民事赔偿责任及行政责任；情节严重，构成犯罪的，移送司法机关并依法应当承担刑事责任。

本条的集体商标、证明商标注册和管理的特殊事项由国务院工商行政管理部门制定，是指集体商标和证明商标的申请、使用管理规则以及行政处罚措施等由国务院工商行政管理部门制定，具体规定在2003年6月1日施行的《集体商标、证明商标注册和管理办法》中。

第四条　商标注册申请主体、取得途径及使用目的

【第四条】自然人、法人或者其他组织在生产经营活动中，对其商品或者服务需要取得商标专用权的，应当向商标局申请商标注册。不以使用为目的的恶意商标注册申请，应当予以驳回。

本法有关商品商标的规定，适用于服务商标。

本条是关于商标注册申请主体、取得途径以及使用目的的规定。

本条第一款中的"不以使用为目的的恶意商标注册申请，应当予以驳回"是2019年《商标法》修改时新增加的内容。

第一款所称的自然人、法人或者其他组织，是指申请商标注册的主体，其中自然人应当具有完全民事权利能力和民事行为能力，2001年《商标法》修改之前只允许领取营业执照的个体工商户、个人合伙或者普通的外国人申请商标注册，单纯的中国自然人是不能作为申请主体申请商标注册的。2001年《商标法》修改时取消了这一限制，从法律的角度确认了我国自然人可以作为商标申请的主体，从而使我国自然人申请注册商标成为一种可能。为什么说商标法让我国自然人作为申请商标注册的主体成为了一种可能，而不是现实呢？依据2007年2月6日商标局发布的《自然人办理商标注册申请注意事项》，其中第一条和第三条明确要求以自然人名义提出商标注册申请的，其应当提供的材料中包含了营业执照

和承包合同，同时该自然人还应当是个体工商户营业执照登记的负责人或者农村承包合同的签约人，并且申请商标注册时可以选择的商品类别应当与其营业执照登记的营业范围一致，不能在超出营业执照登记营业范围之外的商品类别上进行选择。另外，商标局2018年2月24日更新的《商标注册申请常见问题指南》中明确规定，国内自然人直接办理商标注册申请时应当提交的文件中包括商标注册申请书、商标图样、个体工商户营业执照复印件以及自然人身份证复印件，其中明确要求提供营业执照复印件。可见，法律上虽明确规定自然人可以作为申请商标注册的主体，但实际提出申请时却出现提供营业执照复印件这一硬性要求，故纯粹的自然人申请商标注册还是不可能的。即便是农村承包经营户也需要以承包合同签约人的名义提出，且需要提供承包合同复印件。

根据《中华人民共和国民法总则》（简称《民法总则》）的篇章结构设置，第二章的名称是自然人，其中第一节和第四节分别是关于自然人和个体工商户以及农村承包经营户的表述，也就是从法律的层面来说，无论是个体工商户还是农村承包经营户，其本质上属于自然人的范畴，故商标法将自然人列为商标注册申请的主体是有一定法律含义的。但是对于外国人提出商标注册申请时，并没有要求其提供营业执照或者从事工商业经营的证明文件的情况，相对于我国的自然人，商标法确实给予了外国自然人更大的优惠条件。

另外，从商标的功能出发，商标使用的目的是区分商品和服务的来源，而作为一个自然人，若不从事生产经营活动，其申请商标注册的法律意义本身就不存在。申请了商标却不使用，不仅会造成大量的商标资源闲置和浪费，还可能会给恶意囤积商标的行为留下法律上的漏洞。因此，以自然人名义提出商标注册申请的，商标局要求其提供相应的营业执照以及从事生产经营活动的证明，完全是从商标使用目的本身进行的考虑。

《民法总则》第五十七条规定，法人是指"具有民事权利能力和民事行为能力，依法独立享有民事权利和承担民事义务的组织"。《民法总则》第五十八条规定法人还必须同时具备以下几个要件：依法成立，有自己的名称、组织机构、住所、财产或者经费；依照法律、行政法规的具体条件和程序成立；依法律、行政法规规定须经有关机关批准，依照其规定。本条所称的法人不仅包括国内法人还包括外国法人。法人是商标申请的主要主体，是当前申请主体中数量最多的。大部分法人都申请了商标注册，因商标法及其实施条例等对于法人申请商标所使用的商品类别没有限制，在不违反商标法及相关法律规定的情况下，法人可以在《注册商标用商品和服务分类表》规定的四十五个商品和服务类别上任意选取法人商品或者服务所需要使用的类别，如我们熟知的阿里巴巴、海尔集团、京东集团、小米科技、格力集团等公司均是将其核心商标进行全类别注册。

其他组织是指依法成立，不具有法人资格的组织。从现行的商标法及相关规定来看，对于其他组织进行商标注册时所使用的商品和服务类别也没有进行限制性规定，在不违反商标法及相关法律规定的情况下，该其他组织可以在《注册商标用商品和服务分类表》规定的四十五个商品和服务类别上任意选取商品或者服务所需要使用的类别。但是商标代理机构申请商标注册时，依据《商标法》第十九条第四款的规定，只能对其代理服务申请商标注册，不得申请注册其他商标。本条关于申请商标注册主体的表述为"自然人、法人或者其他组织"。但依据2017年10月1日施行的《民法总则》第二条的规定，其将法律主体表述为"自然人、法人和非法人组织"。其中关于非法人组织在《民法总则》第一百零二条明确为"个人独资企业、合伙企业、不具有法人资格的专业服务机构等"。但在2019年修改《商标法》时,并没有对此表述进行修正,这也是一个遗憾。为了与商标法关于其他组织的表述一致,本书后续仍然使用"其他组织"的表述方式。

第一款所称的在生产经营活动中,是指申请商标注册的目的,即在生产经营活动中,使用于其商品和服务上。商标的生命在于使用,这是商标生命的源泉与动力。要求申请人应当将申请注册的商标通过生产经营活动使用于其经营的商品或者服务上,这也是商标法本身的要求,目的在于使商标服务于生产经营活动。若生产、经营者只申请商标注册,并不进行使用,不仅有悖于商标法的规定,也不利于商标的鲜活成长,为此《商标法》在2019年修改时特别增加了"不以使用为目的的恶意商标注册申请,应当予以驳回"。目的就是从法律的层面推动商标注册人及时使用注册商标,这也是商标局加强商标管理的一个体现。

第一款所称的应当向商标局申请商标注册,是指申请商标注册的途径,即应当向商标局提出注册申请。《商标法》第二条明确规定,商标局主管全国范围内商标注册和管理工作。自然人、法人和其他组织按照商标法其他条款的规定向商标局提出商标注册申请,商标局经审查、异议等程序后,根据是否符合商标法的规定而作出是否准予注册的决定。

第一款所称的不以使用为目的的恶意商标注册申请,是指商标注册申请人没有使用商标的意图或者编造虚假的使用意图而提出商标注册申请的情形。该款中的"不以使用为目的的恶意商标注册申请,应当予以驳回"是2019年《商标法》修改时新增加的内容。该新增部分的内容包括:一是不以使用为目的,二是恶意提出商标注册申请。《商标法》自始至终都在强调申请注册的商标一定要投入使用,目的就是区分商标和服务的来源,注册了却不使用,无法实现商标的功能。为此《商标法》第七条明确规定,申请商标注册和使用商标都应当遵守诚实信用原则。

在商标注册审查实践中如何判断不以使用为目的和恶意应当是个难题。关于"不以使用为目的",难道要求申请人在申请商标注册时还要提交实际使用的证据吗?我国商标法并未规定申请商标注册前一定要有实际使用行为,这也与我国商标注册的先申请原则不符。或者说要求申请人在提出商标注册申请时出具一个将来一定期间内使用的承诺吗?这倒是有可能实现。此外,实践中如何判断恶意也有一定的难度。恶意是一个较为主观的问题,若通过事实推断是否存在恶意难免有些武断,而且也会存在很大的不确定性。在《商标法》第三十二条关于抢先注册他人在先使用并有一定影响力的商标时,并没有使用"恶意"一词的表述,当时是不是就考虑到"恶意"在认定上有难度,或者至少客观性不强?不管怎么样,这两个问题在商标审查实践中或多或少都会遇到,我们也相信立法部门及商标局应当会在后续出台的《商标法实施条例》以及相关司法解释中给出明确的判定条件。

第二款所称的本法有关商品商标的规定,适用于服务商标,是指商标法中关于商品商标的法律规定也同样适用于服务商标。商品商标和服务商标的申请主体相同,均为自然人、法人和其他组织;构成要素相同,均为文字、图形、字母、数字、颜色组合、三维标志以及各要素组合而成;使用目的相同,均是为了将自己的商品和服务与他人的商品和服务区别开来。二者只是使用对象不同,商品商标使用在商品上,服务商标使用在服务上。

第五条　共同申请及权利共有

【第五条】两个以上的自然人、法人或者其他组织可以共同向商标局申请注册同一商标，共同享有和行使该商标专用权。

本条是关于多个主体共同提出商标注册申请与共同享有权利的规定。

本条所称的两个以上的自然人、法人或者其他组织，是指商标申请的共同主体，即两个以上的自然人、法人或者其他组织。从本条的字面意思可以理解为可以是两个或者两个以上自然人，两个或者两个以上法人，两个或两个以上其他组织，以及两个或者两个以上自然人和法人，两个或者两个以上自然人和其他组织，两个或者两个以上法人和其他组织。作为商标共同申请的主体，应当按照规定将共同的申请人在《商标注册申请书》的申请人一栏中予以列明，并共同向商标局提出商标注册申请。在原《商标法》中没有关于注册商标的共同申请的规定，实践中也可以按照商标使用许可的方式进行变通，即先由一个主体提出申请，待商标局核准注册后再通过商标使用许可的方式许可给其他主体使用。另外，《商标国际注册马德里协定》中也有关于商标共有的国际注册申请的规定，我国作为该协定的成员国，应当受理其他成员国国民提出的共有商标注册申请，从这个角度讲实际上是赋予了外国人以超国民待遇。相对来说，反而是限制了国内的自然人、法人或者其他组织共同提出商标注册申请的途径。为此，《商标法》作出了允许两个以上的自然人、法人或者其他组织共同提出商标注册申请的规定。

本条所称的共同享有和行使注册商标专用权,是指共同提出商标注册申请经核准注册后,共有人即共同的商标注册申请人均可以享有和行使商标权。所谓共有,是指两个以上的民事主体对同一项财产共同享有所有权。依据《中华人民共和国物权法》第九十四条和第九十五条的规定,共有又可以分为按份共有和共同共有。按份共有,是指共有人对共有财产按照其份额享有所有权。共同共有,共有人对于共有财产共同享有所有权。关于有形财产的共有在物权法中已经有明确清晰的规定。我国商标法虽在本条规定了商标共有制度,但对于共有商标权如何行使以及共有商标权人之间的权利义务关系,甚至共有人与第三人之间的法律关系问题,诸如转让共有商标权、放弃共有商标权、以共有商标权出质以及许可他人使用共有商标等情形均未作出明确规定。商标法虽然没有对共有商标权的行使作出明确规定,作为同为知识产权的专利权却有着关于共有的规定,如《中华人民共和国专利法》(简称《专利法》)第十五条规定:"专利申请权或者专利权的共有人对权利的行使有约定的,从其约定。没有约定的,共有人可以单独实施或者以普通许可方式许可他人实施该专利;许可他人实施该专利的,收取的使用费应当在共有人之间分配。"从专利法关于共有权利的规定来看,专利权共有人关于享有的范围和行使的方式,包括收益权和处分权等,均可以由共有人另外进行约定,商标法对此并没有进行限定。若没有约定,可根据以下情形进行实施:

(1)转让共有商标专用权。因转让本身涉及商标专用权的转移,如果商标共有人无法就转让商标专用权达成一致意见,整个转让行为是无法完成的。《商标法》第四十二条规定,商标权的转让需要经过商标局的核准,且与欲转让商标相同或者近似，商标及在相同商品上的近似商标应当一并转让。如果缺少任何一个商标共有权人的签字、盖章都是无法成功办理转让登记的，故商标转让合同的成立及生效并不能产生商标权变更的法律效力。

（2）放弃共有商标权。依据民事法律规定，当事人可以对自己享有的权利在不违反法律法规的情况下进行处分。若共有商标权人共同放弃商标专用权的（这情况并不常见，或者可以说几乎没有），如确实不准备使用或者不想再拥有该商标专用权的，在商标专用权期限到期以及在续展期内不提出续展注册申请即可。若共有商标权人中的一方放弃商标专用权，则商标专用权归其他共有人，这一点应该是没有异议的，问题在于一方放弃商标专用权的方式如何明确。是否可以按照根据放弃一方的书面声明或者承诺书就可以到商标局办理权利人的备案登记呢？对此商标法没有明确，但若该权利的放弃不损害社会公共利益，也没有给他人的合法权益造成损害，行政部门应当予以准许。

（3）以共有商标权出质。以共有商标权出质实际上就是将商标权质押给权利人，作为质权人实现债权的保障。和其他的共有权利一样，一方共有人不同意出质的，则出质登记无法办理，就谈不上质权人顺利实现质权，故一方共有商标权人不同意出质的，其他共有人是无法以共有商标权出质的。

（4）许可他人使用商标专用权。参照《专利法》第十五条的规定，在共有商标人就商标许可无法达成一致意见的情况下，共有商标权人的任何一方可以以普通许可的方式许可他人实施该商标专用权，所收取的商标使用许可费应当在共有人之间进行分配。与专利许可使用不同的是，商标使用的目的是区分商品和服务的来源，依据《商标法》第四十三条的规定，共有商标权人作出许可使用的一方还负有监督被许可人使用该商标的商品的质量问题的责任。

如上，关于共同享有和行使商标权的问题，还需要立法部门和司法部门通过商标实践不断进行完善。

第六条 强制注册

【第六条】法律、行政法规规定必须使用注册商标的商品，必须申请商标注册，未经核准注册的，不得在市场销售。

本条是关于商标强制注册的规定。

商标的强制注册是指法律、行政法规规定必须使用注册商标的商品，必须申请商标注册。《商标法》第四条规定自然人、法人或者其他组织在生产经营活动中需要对其商品或服务取得商标专用权的，可以申请商标注册。也就是说是否申请商标注册完全取决于生产、经营者自己，这也与我国所采取的自由注册的商标制度是契合的。本条规定的强制注册，从整个商标体系来看，显然是第四条的但书条款或者说是补充。

本条所称的法律、行政法规规定必须使用注册商标的，是指全国人民代表大会及其常委会依照法定程序制定的规范性文件和国务院依照法定程序制定的规范性文件中明确规定必须使用注册商标的商品。除全国人民代表大会及其常委会、国务院以外，依据本条规定，其他任何机关都无权规定某种商品必须使用注册商标。例如，《中华人民共和国烟草专卖法》（简称《烟草专卖法》）第二十条第一款规定："卷烟、雪茄烟和有包装的烟丝必须申请商标注册，未经核准注册的，不得生产、销售。"考虑到烟草制品与人民生活息息相关，直接涉及公众的身体健康，如果不实行强制注册就必然出现诸多的制造乱象，如不具备生产条件的单位和个人生产烟草制品，危害人民健康。因此，将卷烟、雪茄烟和有包装的烟丝的商标纳入强制注册的范围具有重要的意义。

在此需要特别说明的是，我们经常接触到的人用药品或者兽用药品不是要求强制注册的，在2001年《中华人民共和国药品管理法》修订以前，药品中除了中药材和中药饮片以外的其他药品，也是属于强制注册的范围，但在2001年《药品管理法》修订之后，却删除了必须申请注册商标的规定。对此，我们有理由认为药品不是必须使用注册商标才能在市场上销售的。

本条所称的必须申请商标注册，是指商标的强制注册，即申请商标注册是生产经营特定商品的自然人、法人或者其他组织的法定义务。也就是说，特定商品的商标注册是强制性的，相关的企业和个人必须遵守，否则可能面临行政处罚。

本条所称的未经核准注册不得在市场销售，是指依据本条规定，必须使用注册商标的商品，未申请商标注册或者虽提出申请但未经核准注册的，该商品就不得生产且不得进入商业渠道。否则，可能面临着行政处罚。例如，依据《商标法》第五十一条的规定，将应当强制注册商标而未申请商标注册的商品投入市场销售的，地方工商行政管理部门可以责令其限期申请注册，且进行行政处罚，即违法经营额五万元以上的，可以处违法经营额20%以下的罚款，没有违法经营额或者违法经营额不足五万元的，可以处一万元以下的罚款。《烟草专卖法》第三十六条第一款也规定："生产、销售没有注册商标的卷烟、雪茄烟、有包装的烟丝，由工商行政管理部门责令停止生产、销售，并处罚款。"

本条所称的未经核准注册的商标不得在市场销售，应当包括将未贴附任何标识的商品投入市场，也包括将贴附未注册商标的商品投入市场的行为，后一种行为不但违反了本条的规定，也有可能涉嫌侵犯他人注册商标专用权，情节严重的，移送司法机关，依法追究其刑事责任。

第七条　诚实信用原则

【第七条】申请注册和使用商标，应当遵循诚实信用原则。

商标使用人应当对其使用商标的商品质量负责。各级工商行政管理部门应当通过商标管理，制止欺骗消费者的行为。

本条是关于商标注册和使用诚实信用原则的规定。

本条所称的遵循诚实信用原则，是指申请注册和使用商标应当遵循的基本原则。要求自然人、法人或者其他组织须诚实、守信，如在提出商标注册申请时，确因生产经营活动需要，应具有真实的商标使用意图等；以及使用商标时不侵害他人既有的商标权或者其他在先权利。诚实信用原则作为现代社会必然遵守的道德信条，必然关系着一个法律系统对人性的基本认识和基本态度。尤其是当前建设诚信社会的大背景下，也要求每一个社会主体讲诚信，因此诚实信用原则已然成为整个民法领域的"帝王条款"。

诚信原则作为商标注册和使用的一项基本原则，结合到商标法的具体条文中，包括但不限于如下方面：

（1）申请注册商标的标志必须符合《商标法》第八条关于商标的构成要素规定，如文字、字母、图形、数字、颜色组合、三维标志以及声音或者上述要素的结合。

（2）申请注册的商标必须具有《商标法》第九条规定的显著性要求，具有显著特征，并不得与他人取得的在先权利相冲突；不具有显著性的标识因起不到识别商品和服务来源的目的，不得进行注册。

（3）申请注册的商标必须符合《商标法》第十条关于禁止作为商标使用以及《商标法》第十一条、第十二条关于不得申请商标注册的情形。

（4）不得出现《商标法》第四条中关于不以使用为目的恶意提出商标注册申请的情形。

（5）申请注册的商标不得出现《商标法》第十五条，即将被代表人或者被代理人的商标以自己的名义进行注册或者明知他人在先使用还进行注册的情形。

（6）申请注册的商标不得违反《商标法》第三十二条关于不得侵害他人现有的在先权利，也不得以不正当手段注册他人在先使用并有一定影响的商标。

（7）申请商标注册申报的材料及填报的事项必须符合《商标法》第二十七条关于真实、准确、完整的基本要求。

（8）注册商标的使用必须符合《商标法》第四十八条关于商标使用的具体表现形式；未经核准的商标，不得标注注册标记和注册商标等。

（9）注册商标人在使用注册商标的过程中，确需改变注册商标的名义、地址或者其他注册事项的，应当依照商标法的规定履行相应的变更手续。

（10）曾被认定为"驰名商标"的生产经营者不得违反《商标法》第十四条第五款的规定，即生产经营者不得将驰名商标的字样使用于商品、包装、容器以及广告宣传展览等商业活动中。

（11）商标代理机构在从事商标代理业务时应当遵守《商标法》第十九条的规定。

本条所称的商标使用人应当对使用其商标的商品质量负责，是指商标使用人应当保证自己商品的质量，商品所具有的品质应当与商标所享有的声誉相符，不得粗制滥造、以次充好。其中的商标使用人包括注册商标专用权人、被许可使用人、商标共有人以及集体商标和证明商标的使用人等实际使用人。商标不仅是生产、经营者宣传企业的利器，其本质更是将一个生产经营者的商品或者服务同其他生产经营者的商品或者服务区别开来。生产、经营者若想更好地开拓市场，其必须确保产品的质量，以便赢得更好的市场影响力。

　　本条所称的商标管理，是指各级工商行政管理部门对于注册商标和未注册商标的管理，主要包括商标使用管理和商标标识的印制管理。其中，关于商标使用管理规定，《商标法实施条例》第七章第六十三条规定，商标注册人可以在商品、包装、容器或者其他附着物上标明"注册商标"或者注册标记；商标印制管理在2004年9月1日起施行的《商标印制管理办法》第九条中有明确规定："商标印制单位应当建立商标标识出入库管理制度，商标标识出入库应当登记台账，废弃标识应当集中进行销毁，不得流入社会。"

　　本条所称的制止欺骗消费者的行为，是指对于假冒注册商标、商品质量粗制滥造、以次充好等行为，由工商行政管理部门进行查处，并予以制止。通过商标管理，维护商标注册人的商标信誉，保障消费者的合法权益。

第八条　商标构成要素

【第八条】任何能够将自然人、法人或者其他组织的商品与他人的商品区别开的标志，包括文字、图形、字母、数字、三维标志、颜色组合和声音等，以及上述要素的组合，均可以作为商标申请注册。

本条是关于商标构成要素的规定。

本条所称的任何能够将自然人、法人或者其他组织同他人的商品和服务区别开来的标志，是指从商标的功能出发对商标所作的解释，即使用商标的目的是什么。其目的是将自然人、法人或者其他组织同他人的商品和服务区别开来。商标从本质上来说，首先是一个标志，其次是具有区别性，即其功能是可以区分商品和服务的来源，故原则上任何能够将自然人、法人或者其他组织的商品同他人的商品区别开来的标志均可以作为商标进行注册，包括可见和不可见的标志。正如《TRIPS协定》第十五条的规定：能够将一个企业的商品或者服务同另一个企业的商品或者服务区别开来的任何标志或者标志的任何组合，都可以注册商标。鉴于商标注册的实践和现代技术手段的限制，《TRIPS协定》是允许成员对视觉不能感知的商标不予注册的。后来，随着电子技术水平的飞速发展，商标电子申请成为一种可能，也使得声音商标和嗅觉商标申请注册成为一种可能。2013年的《商标法》修改中允许声音可以作为商标的构成要素。由此可见，按照我国商标法的规定，并不是所有具备识别功能的标志都可以作为商标进行注册。

本条所称的文字、图形、字母、数字、三维标志、颜色组合、声音或者上述要素的组合，是指商标的构成要素，这些要素组合成商标后可分为文字商标、图形商标、字母商标、数字商标、立体商标、颜色组合商标、声音商标以及各种要素的组合商标。

所谓文字商标，是指构成商标的要素是文字。商标中以文字商标最为常见，因该种类型的商标呼叫直接，如纯文字的商标有"可口可乐""华为""少林寺"等。文字商标应用广泛，实际使用中却乱象百出，白话字、简化字以及故意使用错别字等现象非常突出，为此相关部门也作出了专门规定，旨在规范商标中所使用的文字。

所谓图形商标，是指构成商标的要素是图形，图形可以是现实存在的，也可以是虚构或者抽象的形状。因图形具有较强的区别特征，所以图形是注册商标的另一个最常见的要素。这里的图形商标是指平面图形。电子商务领域的企业比较喜欢使用动物的图案作为商标，如天猫的"猫形"图案，京东的"狗形"图案等。图形作为商标相对于文字商标而言有着天然的多样性：通俗易懂，且不受语言文字的限制。因此，一般情况下企业除了注册一个文字商标外，还会再注册一个图形商标。

所谓字母商标，是指构成商标的要素是字母。字母可识性强，实践中也被广泛使用，因此字母是注册商标的又一个最常见的要素，如"HP""HUAWEI"等。

所谓数字商标，是指构成商标的要素是数字。数字是表示数目的符号，在生活中十分常用，所以数字也是注册商标的要素之一，如"502胶水"和"999医药"等。

所谓立体商标，是指构成商标的要素是一个三维的立体形状。立体商标与二维标志相比具有更强的视觉冲击力，能够很好地起到识别商品和服务来源的作用，如可口可乐瓶装的"饮料瓶"以及奔驰汽车的立体车标等。但不是所有的立体形状都可以注册为商标，如简单、常见的几何形状，以及《商标法》第十二条规定的，如仅由商品自身性质产生的形状、为实现商品实质性价值需有的形状以及为获得技术效果而需有的形状等是不能进行注册的。

所谓颜色组合商标，是指构成商标的要素是由两种或者两种以上的颜色所组成一个整体。颜色的组合可以成为识别商品来源的显著标志，如宝马汽车的车标就是一个典型的颜色组合商标。需要注意的是，颜色作为注册商标的要素，是多种颜色的组合，而不是单一颜色。

所谓声音商标，是指构成商标的要素是声音。声音商标是通过听觉所产生的印象，将声音作为注册商标也具有很强的识别性。如诺基亚手机、苹果手机的铃音，以及腾讯 QQ 的信息音等。2013 年《商标法》修改后已经允许注册声音商标。实际上，声音商标对于盲人来讲具有更为重要的现实意义。

所谓上述要素的组合商标，是指构成商标的要素是文字、字母、数字、图形、颜色组合、三维标志、声音中两种或者两种以上要素的组合。组合商标较为常见，数量也很庞大。最常见的组合商标就是文字和图形叠加而成的组合商标，但组合的范围和形式其实并不限于此。首先，文字可以经过图形化处理变成艺术字，商标的特殊字体本身就可以产生独特的效果；其次，字母同颜色组合可以变成彩色字母，如金拱门的金色"M"；最后，立体外形可以刻上文字或绘上图案，而颜色也可以同特定的形状结合成不同的色块。不过，组合商标的显著性判断一般是整体进行的，整体可以注册的商标并不意味着单独的元素也可以注册。

上述为我国商标法确定的可以注册为商标的构成要素，除此之外，仍有嗅觉商标、味觉商标、触觉商标等。这些类型的商标当前在其他国家已经被准许作为商标的类型进行注册，但目前还没有被我国商标法所准许。随着各种技术的不断发展进步，这些类型的商标被获准注册应该也不是太遥远的事情。

第九条　申请商标注册的显著特征

【第九条】 申请注册的商标，应当有显著特征，便于识别，并不得与他人在先取得的合法权利相冲突。

商标注册人有权标明"注册商标"或者注册标记。

本条是关于申请商标注册的显著特征的规定。

本条第一款所称的商标应当具有显著性，也叫显著特征，是指商标所具有的足以让相关消费者将一种商品或者服务同另一种商品或者服务区别开来的特征。一些商标本身就具有很强的显著性，是与生俱来的；另外一些商标则通过后天的长期使用而产生了显著性。正如《商标法》第十一条规定的那样，一些刚开始不具有显著性的标志，经过长期使用，取得显著性并便于识别的，也是可以作为商标注册的。因此，商标具有显著性是通过核准注册的一个基本要求。从商标所使用的商品和服务的角度来说，商标的显著性是一个相对的概念，只要某一标志能够起到区别某一特定的商品或者服务的作用，就可以说该标志具有显著性。

第一款所称的不得与他人在先取得的合法权利相冲突，是指申请注册的商标或商标的构成要素不得与他人在先取得的合法权利相冲突。所谓的合法权利在商标法中并没有详细列明具体都有哪些权利，《中华人民共和国侵权责任法》第二条第二款对所谓的合法权益进行了概括，即"包括生命权、健康权、姓名权、名誉权、荣誉权、肖像权、隐私权、婚姻自主权、监护权、所有权、用益物权、担保物权、著作权、专利权、商标专用权、发现权、股权、继承权等人身、财产权益》。《民法总则》第一百一十条也对民事权利进行了总括性介绍。其中关于姓名权是否形成在先权利的问题，在乔丹系列案件中被阐述得淋漓尽致，姓名权要成为一种权利获得保护，该姓名应当具有较高的知名度，为相关公众所知悉。

第二款所称的商标注册人有权标明"注册商标"或者注册标记，是指商标注册人在使用注册商标时，可以在其生产、销售的商品或者提供的服务上标明注册标记或者注册商标的权利。商标注册人可以在商品、包装、容器及商品交易文书以及产品说明书等上标明"注册商标"或者注册标记。注册标记包括"㊟"和"®"。注册标记应当标注在商标的右上角或者右下角。

这里要特别说明的是，在现实中，我们也经常看到有一些商家在其商标的右上角或者右下角标注"TM"，有人对此解读为向商标局提出商标注册申请且商标局发出受理通知书以后就可以使用"TM"标注了，这纯粹是一种错误的理解。纵观整个商标法以及相关的规定，均没有提出标注"TM"的说法，实质上"TM"没有任何的法律含义。"TM"是英文 Trade Mark 的首字母，"SM"是英文 Servce Mark 的首字母，二者均是没有任何含义的，最多可以解读为一种商标性使用，因此无论是否提出商标注册申请，均可以标注"TM"。

第十条　禁止作为商标使用的标志

【第十条】下列标志不得作为商标使用：

（一）同中华人民共和国的国家名称、国旗、国徽、国歌、军旗、军徽、军歌勋章等相同或者近似的，以及同中央国家机关的名称、标志、所在地特定地点的名称或者标志型建筑物的名称、图形相同的；

（二）同外国的国家名称、国旗、国徽、军旗等相同或者近似的，但经该国政府同意的除外；

（三）同政府间国际组织的名称、旗帜、徽记等相同或者近似的，但经该组织同意或者不易误导公众的除外；

（四）与表明实施控制、予以保证的官方标志、检验印记相同或者近似的，但经授权的除外；

（五）同"红十字""红新月"的名称、标志相同或者近似的；

（六）带有民族歧视性的；

（七）带有欺骗性，容易使公众对商品的质量等特点或者产地产生误认的；

（八）有害于社会主义道德风尚或者有其他不良影响的。

县级以上行政区划的地名或者公众知晓的外国地名，不得作为商标。但是，地名具有其他含义或者作为集体商标、证明商标组成部分的除外；已经注册的使用地名的商标继续有效。

本条是关于禁止作为商标使用的标志的规定，以及明确地名不得作为商标使用的限制。

使用商标的目的在于区分商品和服务的来源，因此商标是一种具有可识别性的标志。理论上，任何能够与他人商品或者服务区别开来的标志均可以作为商标注册，但是根据《保护工业产权巴黎公约》（简称《巴黎公约》）规定，公约成员国的国旗、国徽、表明实施国家管制和保证的官方标志、检验印记及政府间国际组织的标志等均不得作为商标注册和使用。我国作为《巴黎公约》成员国，理应履行《巴黎公约》规定的义务。因此，并不是所有具有可区别性的标志都可以作为商标使用。根据《巴黎公约》的规定，结合我国实际情况，本条对不得作为商标使用的标志和地名能否作为商标使用作了明确规定。

依据《商标审查及审理标准》，对本条文中的各个名称及名词解释如下。

本条所称的"国家名称"包括全称、简称和缩写。我国国家名称的中文名称全称是"中华人民共和国"，简称为"中国""中华"，英文全称是"THE PEOPLE'S REPUBLIC OF CHINA"，简称或者缩写为"CHN""P. R. C""P. R. CHINA""PR OF CHINA"；"国旗"是五星红旗；"国徽"中间是五星照耀下的天安门，周围是谷穗和齿轮；"国歌"是《义勇军进行曲》；"军旗"是中国人民解放军的"八一"军旗，军旗为红底，左上角缀金黄色五角星和"八一"两字；"军徽"亦称"八一"军徽，图案为一颗镶有金黄色边的五角红星，中央嵌有金色"八一"二字；"八一"军徽也即陆军军徽，海军、空军军徽以"八一"军徽为主题图案，海军军徽为藏蓝色底衬以银灰色铁锚，空军军徽为天蓝色底衬以金黄色飞鹰两翼；"军歌"是《中国人民解放军进行曲》；"勋章"是国家有关部门授给对国家、社会有贡献的人或者组织的，表示荣誉的证章，如八一勋章等；"中国国家机关的名称、标志、所在地特定地点的名称或者标志性建筑物的名称"包括"全国人民代表大会""国务院""中南海""钓鱼台""天安门""新华门""慈光阁""怀仁堂""人民大会堂"等。

第一款第（一）项中所称的同我国的国家名称相同或者近似，是指商标的文字、字母构成与我国国家名称相同的，以及商标的含义、读音或者外观与我国国家名称近似，容易让公众误认为是我国国家名称的。但是也有个别例外情形，详见《商标审查及审理标准》。

第一款第（一）项中所称的同我国的国旗、国徽、国歌相同或者近似，是指商标的文字、图形、声音或者其组合与我国国旗、国徽、国歌的名称、图案或者声音相同或者近似，足以使相关公众将其与我国国旗、国徽、国歌相联系的，判定为与我国国旗国徽、国歌相同或者近似。商标中虽含有"五星""红旗"字样或者"五星图案""红旗图案"，但不会让公众将其与国旗相联系的，不判为与我国国旗相同或者近似。

第一款第（一）项中所称的同我国的军旗、军徽、军歌、勋章相同或者近似，是指商标的文字、图形、声音或者其组合与我国军旗、军徽、军歌、勋章的名称、图案或者声音相同或近似，足以使公众将其与军旗、军徽、军歌、勋章相联系的，判定为与我国军旗、军徽、军歌、勋章相同或者近似。

第一款第（一）项中所称的同中央国家机关的名称、标志、所在地特定地点的名称或者标志性建筑物的名称、图形相同，是指商标的文字、图形、构图及颜色组合同中央国家机关的名称、标志、所在地特定地点的名称或者标志性建筑物的名称、图形相同。

第一款第（二）项中所称的外国的国家名称包括中文和外文的全称、简称和缩写；外国的国旗是有国家正式规定的代表本国的旗帜；外国的国徽是由国家正式规定的、代表本国的标志；外国的军旗是指国家正式规定的代表本国军队的旗帜。

第一款第（二）项中所称的同外国国家名称相同，是指商标的文字构成与外国国家名称相同的，判定为与外国国家名称相同。商标的文字与外国国家名称近似或者含有与外国国家名称相同或者近似的文字的，判定为与外国国家名称近似。但是经该国政府同意的、具有明确的其他含义且不会造成公众误认的旧称等不会使公众发生商品产品误认的除外。

第一款第（二）项中所称的与外国国旗、国徽、军旗的名称或者图案相同或者近似，是指商标的文字、图形或者其组合与外国国旗、国徽、军旗的名称或者图案相同或者近似，足以使公众将其与外国国旗、国徽相联系的，判定为与外国国旗、国徽相同或者近似，但经该国政府同意的除外。

第一款第（三）项中所称的政府间国际组织，是指由若干国家和地区的政府为了特定目的通过条约或者协议建立的有一定规章制度的团体，如联合国、欧洲联盟、东南亚国家联盟等。

第一款第（三）项中所称的与政府间国际组织的名称、旗帜、徽记等相联系，是指商标的文字构成、图形外观或者其组合足以使公众将其与政府间国际组织的名称、旗帜、徽记等相联系的，判定为与政府间国际组织的名称、旗帜、徽记相同或者近似，但经过该政府间国际组织同意的或具有其他含义的除外。

第一款第（四）项所称的官方标志、检验印记，是指官方机构用以表明其对商品质量、性能、成分、原料等实施控制、予以保证或者进行检验的标志或印记。

第一款第（四）项所称的与表明实施控制、予以保证的官方标志、检验印记相联系，是指商标的文字、图形或者其组合足以使公众将其与表明实施控制、予以保证的官方标志、检验印记相联系的，判定为与该官方标志、检验印记相同或者近似，但经该官方机构授权或具其他含义的除外。

第一款第（五）项所称的"红十字"标志，是指国际人道主义标志，是武装力量医疗机构的特定标志，是红十字会的专用标志。"红新月"标志，是指阿拉伯国家和部分伊斯兰国家红新月专用的，性质和功能与红十字标志相同的标志。

商标的文字构成、图形外观或者组合与"红十字""红新月"的名称、图案在视觉上无差别，则判定为相同；足以导致相关公众误认的，则判定为近似，但具有其他含义的除外。

第一款第（六）项所称的民族歧视性，是指商标的文字、图形或者其他构成要素带有对特定民族进行丑化、贬低或者其他不平等看待该民族的内容。民族歧视性的判定应综合考虑商标的构成及其指定使用商品或者服务。商标的文字构成与民族名称相同或者近似，并丑化或者贬低特定民族的，判定为带有民族歧视性，但确有其他含义或者不会产生民族歧视性的除外。

第一款第（七）项所称的带有欺骗性，是指商标对其指定使用的商品或者服务的质量等特点或者产地做了超过其固有程度或者与事实不符的表示，容易使公众对商品或者服务的质量等特点或者产地产生错误的认识。其主要包括容易使相关公众对商品或者服务的质量、品质、功能、用途、原料、内容、重量、数量、价格、工艺等特点以及商品或者服务的产地、来源产生误认的情形。

第一款第（八）项所称的社会主义道德风尚，是指我国人民共同生活及其行为的准则、规范以及在一定时期内的社会上流行的良好风气和习惯；"其他不良影响"，是指商标的文字、图形或者其他构成要素对我国政治、经济、文化、宗教、民族等社会公共利益和公共秩序产生消极的、负面的影响。有害于社会主义道德风尚或者具有其他不良影响的判定应当考虑社会背景、政治背景、历史背景、文化传统等因素，并应考虑商标的构成及其指定使用的商品和服务。

第二款是关于使用地名的管理，本条的县级以上行政区划包括县级的县、自治县、县级市、市辖区，地级的市、自治州、地区、盟，省级的省、直辖市、自治区。县级以上行政区划的地名以我国民政部编辑出版的《中华人民共和国行政区划简册》为准。县级以上行政区划地名，包括全称、简称以及县级以上的省、自治区、直辖市、省会城市、计划单列市、著名的旅游城市的拼音形式。本条中公众知晓的外国地名，是指我国公众知晓的我国以外的其他国家和地区的地名。地名包括全称、简称、外文名称和通用的中文译名。本条中的地名具有其他含义，是指地名作为词汇具有确定含义且该含义强于作为地名的含义，不会误导公众。

商标由县级以上行政区划的地名构成，或者含有县级以上行政区划的地名，不得作为商标使用，但有下列情形之一的除外：地名具有其他含义且该含义强于地名含义的；商标由地名和其他文字构成而在整体上具有显著特征，不会使公众发生商品产地误认的；商标由两个或者两个以上行政区划的地名的简称组成，不会使公众发生商品产地等特点误认的；商标由省、自治区、直辖市、省会城市、计划单列市、著名的旅游城市以外的地名的拼音形式构成，且不会使公众发生商品产地误认的；商标由公众知晓的外国地名构成，或者含有公众知晓的外国地名的，不得作为商标使用，但商标由公众知晓的外国地名和其他文字构成，整体具有其他含义且使用在其指定商品上不会使公众发生商品产地误认的除外。商标所含地名与其他具备显著特征的标志相互独立，地名仅起真实表示申请人所在地作用的，不适用本条第二款的规定。商标所含地名与申请人所在地不一致的，容易使公众发生误认，判定为具有不良影响。

第十一条　不得作为商标注册的情形

【第十一条】下列标志不得作为商标注册：
（一）仅有本商品的通用名称、图形、型号的；
（二）仅直接表示商品的质量、主要原料、功能、用途、重量、数量及其他特点的；
（三）其他缺乏显著特征的。
前款所列标志经过使用取得显著特征，并便于识别的，可以作为商标注册。

本条是关于不得作为商标注册标志的规定。

申请注册的商标应当具有显著性，便于识别，这是商标应当具备的基本特征，又叫显著特征。相反，若该商标没有可识别性，无法区分生产、经营者的商品和服务，则作为商标使用的意义就不存在了。如2018年11月2日江苏昆成律师事务所将"壹周壹议"在第四十五类中的法律服务上提出商标注册申请，后商标局作出《商标驳回通知书》，理由是"壹周壹议"标识使用在第四十五类法律服务项目上缺乏显著特征，不具备商标的识别作用，不得作为商标进行注册。由此可见，缺乏显著性的商标是不得作为商标注册的。

下面结合《商标审查及审理标准》第二部分关于商标显著特征的审查对本条作如下说明：

第一款第（一）项所称的通用名称、图形、型号，是指国家标准、行业标准规定的或者约定俗成的名称、图形、型号，其中名称包括全称、简称、缩写、俗称。例如，"高丽白"是一种人参的通用名称，指定使用的商品为人参；

"MULLER"是一种手工具的通用名称，指定使用的商品为研磨机；苹果图形是苹果的通用图形，指定使用的商品为水果；鞋底图形是鞋底的通用图形，指定使用的商品为鞋底；"502"是一种胶黏剂的商品型号，指定使用的商品为工业胶黏剂；"XXL"是服装的通用型号，指定使用的商品为服装；"ZKT"作为组合式空调机代号，指定使用的商品为空调机。诸如上述商标就缺乏显著性，消费者无法通过该商标将不同生产经营者的商品区别开来。但是商标中含有本商品的通用名称、图形、型号的标志，依据《商标法》第五十九条的规定，该商标注册人不享有专用使用权，其他人可以正当使用。

第一款第（二）项所称的仅直接表示商品的质量、主要原料、功能、用途、重量、数量及其他特点，是指商标仅由对指定使用商品的质量、主要原料、功能、用途、重量、数量及其他特点的具有直接说明性和描述性的标志构成。其他特点包括特定消费对象、价格、内容、风格、风味、使用方式和方法、生产工艺、生产地点时间及年份、形态、有效期限、保质期或者服务时间、销售场所或者地域范围、技术特点等。例如，"纯净"仅直接表示食用油的质量，指定使用的商品为食用油；"好香"仅直接表示大米的质量，指定使用的商品为米。"彩棉"仅直接表示某种服装的主要原料，指定使用的商品为服装；"龙眼"仅直接表示某种糖果的主要原料，指定使用的商品为糖果；"田七"仅直接表示某种人用药的主要原料，指定使用的商品为人用药。"安全"仅直接表示漏电保护器的功能、用途，指定使用的商品为漏电保护器；"载重王"仅直接表示轮胎的功能、用途，指定使用的商品为车辆轮胎；"纯净气"仅直接表示气体净化装置的功能、用途，指定使用的商品为气体净化装置；"脑基因"仅直接表示医用营养饮料的功能、用途，指定使用的商品为医用营养饮料;"溶栓树脂"仅直接表示医药制剂的功能、用途,指定使用的商品为医药制剂。"50支"仅直接表示香烟的数量,指定使用的商品为香烟;"50KG"仅直接表示大米的重量,指定使用的商品为大米;"四菜一汤"仅直接表示菜品的数量,指定使用的商品为饭店;"女过四十"仅直接表示医用营养品的特定消费对象,指定使用的商品是医用营养品;"九块九"仅直接表示产品的价格,指定使用的商品和服务是替他人推销;"壹周壹议"仅直接表示培训的内容,指定使用的服务为培训;"欧式"仅直接表示家具的风格,指定使用的商品为家具;"夹心饼干"仅直接表示饼干的风味,指定使用的商品为饼干;"冲泡"仅直接表示方便面的食用方式、方法,指定使用的商品为方便面;"蜡染"仅直接表示服装的生产工艺,指定使用的商品为布匹;"SOLID"仅直接表示工业用胶的形态,指定使用的商品为工业用胶;"24小时"仅直接表示超市的服务时间,指定的服务项目为售卖。

　　上述标志作为商标就缺乏显著性,消费者无法通过该商标将不同生产经营者的商品区别开来。如果将仅直接表示商品的质量、主要原料、功能、用途、重量、数量及其他特点的标志作为商标注册,会产生商标注册人的独占使用,这对其他生产同类商品的生产经营者是不公平的。

　　第一款第(三)项所称的其他缺乏显著特征的标志,是指除上述两个方面的标志以外,其本身或者作为商标使用在指定使用商品上不具备表示商品来源作用的标志。这些标志包括:过于简单的线条、普通几何图形;过于复杂的文字、图形、数字、字母或上述要素的组合;一个或者两个普通表现形式的字母,但非普通字体或者与其他要素组合而整体具有显著特征的除外;普通形式的阿拉伯数字,但非普通表现形式或者与其他要素组合而整体具有显著特征的除外；指定使用商品的常用包装、容器或者装饰性图案，但与其他要素组合而整体具有显著特征的除外；单一颜色；表示商品或者服务特点的短语或者句子，普通广告宣传用语；本行业或者相关行业常用的贸易场所名称、商贸用语或者标志，但与其他要素组合而整体具有显著特征的除外；企业的组织形式、本行业名称或者简称；仅由电话、地址、门牌号等要素构成；常用祝颂语，等等。上述标志确因过于简单或者单调，不具备商标所具有的识别功能，故不能获得核准注册。

　　第二款所称的经过长期使用取得显著特征并便于识别，是指在实践中确有一些原来没有显著性的商标经过长期使用后，起到了识别商品和服务来源的作用，具备较强的识别性，满足《商标法》第九条的规定，可以获得核准注册。实际上本条第二款实际有点但书条款的意味，即便是仅含有上述要素，如果经过长期使用，能够起到区分商品和服务来源的作用，即使相关人员通过该商标可以识别出商品的生产者、销售者或者服务的提供者，可以视为取得了显著特征，也是可以作为商标进行注册的。但对于经过使用取得显著特征的商标的审查，应考虑相关公众对该商标的认知情况，申请人实际使用该商标的情况以及该商标经过使用取得显著特征的其他因素。

第十二条　三维标志不得作为商标注册的限制

【第十二条】以三维标志申请商标注册的，仅由商品自身的性质产生的形状，为获得技术效果而需有的商品形状或者使商品具有实质性价值的形状，不得注册。

本条是关于不得注册商标的三维标志的规定。

本条所称三维标志，又称立体标志，经核准注册后即为立体商标。立体商标是指仅有三维标志或者含有其他要素的三维标志构成的商标。《商标法》第八条规定，三维标志是商标注册的构成要素，是可以作为商标进行注册的。依据《商标法》第九条的规定，申请注册商标的三维标志也应当具有显著特征，并便于识别，以使人们通过商标区别不同生产经营者的商品和服务。

根据《商标审查及审理标准》第四部分关于立体商标的审查标准中的相关内容，对于本条中涉及的词语解释如下：

本条所称的本商品自身性质产生的形状，是指三维标志是由商品自身性质产生的立体形状组成，该立体形状是为实现商品固有的目的和用途所必须采用的或者通常采用的立体形状，如安全扣的形状指定使用的商品为安全扣，轮胎的形状指定使用的商品为轮胎，健身圈的形状指定使用的商品为健身圈，飞机的形状指定使用的商品为航空器等。其中"仅由"是指申请商标的构成要素只有商品自身性质的形状。如果以仅由商品自身的性质产生的形状作为商标，该商标就缺乏显著性，消费者无法通过该商标将不同生产经营者的商品区别开来。

本条所称的为获得技术效果而需有的商品形状，是指三维标志仅由为获得技术效果而需有的商品立体形状组成，即该立体形状是为使商品具备特定的功能，或者使商品固有的功能更容易地实现所必须使用的立体形状，且三维标志具有功能性，如容器的形状、扬声器的形状、救生圈的形状等。其中"仅由"是指申请商标的构成要素只有为获得技术效果而需有的商品立体形状组成。如果以为获得技术效果而需有的商品形状作为商标，该商标不仅缺乏显著性，且消费者无法通过该商标将不同生产经营者的商品区别开来。

本条所称的使商品具有实质性价值的形状，是指三维标志仅由使商品具有实质性价值的立体形状组成，即该立体形状是为使商品的外观和造型影响商品价值所使用的立体形状，该三维标志均有功能性，如糖果的形状、香水瓶的形状、挂坠的形状、瓷瓶的形状等。其中的"仅由"是指申请商标的构成要素只由使商品具有实质性价值的立体形状组成。使商品具有实质性价值的形状，是为达到一定的价值而设计的，而不是为了使消费者区别不同的生产经营者而设计的，不具有商标的功能。

如前所述，商标使用的目的是区分商品和服务的来源，显著性是商标必须具备的本质特征，而本条所列的三种三维标志因缺乏显著性及不具备商标的功能而禁止注册。根据《商标审查及审理标准》的规定，除本条规定的情形外，以下情形也视为不具备显著性：

1. 不具有显著特征的立体形状

（1）基本的几何立体形状、简单和普通的立体形状，不能起到区分商品来源作用的，缺乏显著特征。

但有足够证据证明该基本几何立体形状通过使用获得显

著特征的除外。

（2）装饰性的立体形状，不能起到区分商品来源作用的，缺乏显著特征。

但有足够证据证明该装饰性立体形状通过使用获得显著特征的除外。

2. 商品自身的立体形状

商品自身的立体形状为行业通用或常用商品的立体形状，不能起到区分商品来源作用的，缺乏显著特征。

以文物的外观立体形状在"容器、首饰盒"等与文物形状相关商品上申请注册商标时，若文物的外观立体形状表示商品本身的立体形状，该立体形状缺乏显著特征。

但有足够证据证明商品自身的立体形状通过使用获得显著特征的除外。

3. 商品包装物的立体形状

（1）基本的几何立体形状、简单和普通的立体形状、装饰性的立体形状，不能起到区分商品来源作用的，缺乏显著特征。

但有足够证据证明该基本几何立体形状、简单和普通立体形状、装饰性立体形状通过使用获得显著特征的除外。

（2）行业通用或常用包装物的立体形状，不能起到区分商品来源作用的，缺乏显著特征。

但该立体形状非指定使用商品的通用或常用包装物的立体形状的除外。

或者有足够证据证明行业通用或常用包装物的立体形状通过使用获得显著特征的除外。

本条所称的不得注册，是指商标注册申请人提出的商标注册申请，其中仅有三维标志，且为本条规定情形的，商标局予以驳回，不予核准注册。本条规定的是不予注册，但并没有禁止使用,那么实践中是否允许使用这些不具备显著性的标志呢?直观的理解,既然没有禁止使用,实践中是可以使用的,但是使用的意义不大。对于商家来说,其使用的目的是引导消费者根据标志可以与其经营的商品对应起来,但因该标志本身太过于普通而不能刺激消费者,不能使消费者记住,不能与该商品或者服务联系起来,那么使用该标志的意义就不大了,一般的商家也不会耗费大量的成本来宣传和使用这个标志。

第十三条　驰名商标的保护

【第十三条】为相关公众所熟知的商标，持有人认为其权利受到侵害时，可以依照本法规定请求驰名商标保护。

就相同或者类似商品申请注册的商标是复制、摹仿或者翻译他人未在中国注册的驰名商标，容易导致混淆的，不予注册并禁止使用。

就不相同或者不相类似商品申请注册的商标是复制、摹仿或者翻译他人已经在中国注册的驰名商标，误导公众，致使该驰名商标注册人的利益可能受到损害的，不予注册并禁止使用。

本条是关于驰名商标保护的规定。

本条主要规定了驰名商标的保护问题，第一款规定的是驰名商标受到保护的法律基础，第二款规定的是未注册驰名商标的同类保护，第三款规定的是驰名商标的跨类保护问题。从保护驰名商标持有人利益和维护公平竞争及消费者权益出发，对可能利用驰名商标的知名度和声誉造成市场混淆或者公众误认，致使驰名商标持有人的利益可能受到损害的商标注册行为予以禁止，在一定程度上弥补了严格实行注册原则可能造成不公平后果的不足。在商标异议、不予注册复审及无效宣告等案件审理中，涉及复制、摹仿或者翻译他人驰名商标的问题，持有人认为其权利受到侵害的，以本条为原则提出请求。

在现行商标法当中，驰名商标的字眼首次出现在本法。

所谓驰名商标，是指为相关公众所知晓且具有较高声誉的商标。驰名商标最早出现在 1883 年签订的《巴黎公约》中。我国于 1994 年加入该公约，成为第 95 个成员国，和其他加入该公约的成员国一样，根据该公约规定给予驰名商标特殊的法律保护。

从本条第一款可知，提出驰名商标的认定请求至少满足两个条件：一是该商标为相关公众所熟知，二是商标专用权受到侵害。

第一款所称的为相关公众所熟知，依据人大网《中华人民共和国商标法释义》（简称《商标法释义》）第十三条，是指与使用该商标所标示的某类商品或者服务有关的消费者，生产前述商品或者提供服务的其他经营者以及经销渠道中所涉及的销售者和相关人员等，都清楚地知道该商标及使用该商标的商品或者服务的来源❶，不会产生任何误认。其中的相关公众包括但不限于以下情形：（1）商标所标识的商品的生产者或者服务的提供者；（2）商标所标识的商品或者服务的消费者；（3）商标所标识的商品或者服务在经销渠道中所涉及的经营者和相关人员等。

第一款所称的持有人认为其权利受到侵害，是指商标持有人认为他人在同一种或者类似商品上使用的商标与其持有的商标相同或者近似，出现了《商标法》第五十七条，《商标法实施条例》第七十五条、第七十六条，司法解释规定的侵权行为以及其他该商标持有人认为可能给其商标造成其他损失的行为。从本条可知，并不是所有的市场主体都可以提出请求，提出请求的主体只能是商标持有人。商标持有人除商标专用权人外，还应当包括许可使用人和合法权利的继承

---

❶ 商标法释义［EB/OL］.［2020-02-10］. http://www.npc.gov.cn/zgrdw/npc/flsyywd/minshang/2013-12/24/content_1819929.htm.

人等合法持有商标权利的人。

　　第一款所指的商标并未要求一定是注册商标，未注册商标只要能够达成相关公众所熟知的程度也可以请求驰名商标的认定，如在中国国内有相当知名度但因历史原因未进行注册，或是在国外有相当知名度但却未在中国进行注册。尤其是第二种情况要从商标的地域性说起，也就是说商标权的保护是有地域性的，在一个国家获得的商标专用权，仅在这个国家主权所及范围内获得保护，若需要在该国家之外获得保护，需要在相应的国家提出申请或者经过长期使用获得商标权。

　　本条第二款及第三款中所称的复制，依据《商标法释义》第十三条，是指申请人的商标与他人的驰名商标相同；所称的摹仿，是指申请人的商标是抄袭他人驰名商标，沿袭他人驰名商标的显著部分或者显著特征；驰名商标的显著部分或者显著特征是指驰名商标赖以起主要识别作用的部分或者特征，包括特定的文字或者其组合方式及字体表现形式、特定图形构成方式及表现形式、特定的颜色组合、声音组合等；所称的翻译，是指申请人将他人驰名商标以不同的语言文字予以表达，且该语言文字已与他人驰名商标建立对应关系，并为相关公众广为知晓或者习惯使用。❶

　　第二款及第三款的不得注册并禁止使用，是指出现前述规定情形的，既不能核准注册，也不能进行使用。所谓不得注册，是指申请人不得以复制、摹仿、翻译他人未在中国注册的驰名商标或者已在中国注册的驰名商标向商标局提出申请，即便提出申请，商标局也不予核准。所谓不得使用，是指不但不能被商标局核准注册，也不能在实际的生产经营活

---

❶ 商标法释义 [EB/OL]. [2020-02-10]. http://www.npc.gov.cn/zgrdw/npc/flsyywd/minshang/2013-12/24/content_1819929.htm.

动中使用上述标志。

第二款所称的相同商品,是指名称相同或者名称不同但指向同一商品。

第二款所称的类似商品,是指在功能、用途、生产部门、销售渠道、消费对象等方面相同或者相关,公众一般认为其存在特定联系、容易造成混淆的商品。

第二款所称的容易导致混淆,是指消费者对商品或者服务的来源产生误认,认为标识争议商标的商品或者服务系由驰名商标所有人生产或者提供,或者是消费者联系到标识争议商标的商品的生产者或是服务的提供者与驰名商标所有人存在某种联系,如投资关系、许可关系或合作关系。

第二款所称的未在中国注册,是指未依据《商标法》第二十二条提出申请并由商标局依据《商标法》第四条、第十三条第二款和第三款、第十五条、第十六条第一款、第三十条、第三十一条、第三十二条进行审查通过并核准注册。从第二款的所用法律术语来看,其说的是未注册驰名商标的同类保护,那么已注册驰名商标是否有同类保护的问题呢?答案显然是肯定的,既然未注册驰名商标都能获得保护,那么已经注册的商标或者驰名商标就肯定可以获得保护。

第三款所称的误导公众,是指足以使相关公众认为表示该商标的商品或者服务与他人驰名商标具有相当程度的联系,而减弱驰名商标的显著性;或标识该商标的商品或者服务的注册使用可能贬损驰名商标的市场声誉;或者标识该商标的商品或者服务的注册使用可能不正当利用驰名商标的市场声誉。

第三款所称的驰名商标注册人的利益可能受到损害,是指驰名商标注册人的利益受到实际损害的可能性。所谓的可能受到损害,是指并非要求实际受到损害,仅是指一种可能性,也就是只要存在造成损失的可能即可依据该条提出请求。

商标专有权人依据本条第二款及第三款主张权利的,应当提供证据证明在他人申请注册的商标向商标局申请注册的日期以前,其商标为相关公众所熟知。如上所述,本条中关于混淆、误导公众的判定不以实际发生混淆、误导为要件,只需判定有混淆、误导的可能性即可。《商标审查及审理标准》中给出了在判定混淆、误导时应该着重考虑的因素:(1)标识该商品和服务的商标与他人驰名商标的近似程度;(2)他人驰名商标的独创性;(3)他人驰名商标的知名程度;(4)标识该商品和服务的商标与他人驰名商标各自使用的商品或服务的关联程度;(5)其他可能导致混淆、误认的因素。这些考量因素为在实务中判定混淆、误导提供了一定的法律依据。

第十四条　驰名商标的认定

【第十四条】驰名商标的认定应当根据当事人的请求，作为处理涉及商标案件需要认定的事实进行认定。认定驰名商标应当考虑下列因素：

（一）相关公众对该商标的知晓程度；

（二）该商标使用的持续时间；

（三）该商标任何宣传工作的持续时间、程度和地理范围；

（四）该商标作为驰名商标受保护的记录；

（五）该商标驰名的其他因素。

在商标注册审查、工商行政管理部门查处商标违法案件过程中，当事人依据本法第十三条规定主张权利的，商标局根据审查、处理案件的需要，可以对商标驰名情况作出认定。

在商标争议处理过程中，当事人依据本法第十三条规定主张权利的，商标评审委员会根据处理案件的需要，可以对商标驰名情况作出认定。

在商标民事、行政案件审理过程中，当事人依据本法第十三条规定主张权利的，最高人民法院指定的人民法院根据审理案件的需要，可以对商标驰名情况作出认定。

生产、经营者不得将"驰名商标"字样用于商品、商品包装或者容器上，或者用于广告宣传、展览以及其他商业活动中。

本条是关于驰名商标的认定以及禁止使用驰名商标情形的规定。

本条第一款是关于驰名商标认定的基本原则，分别为个案认定、按需认定、被动保护，也就是说驰名商标的认定应当根据当事人的请求，作为处理涉及商标案件需要认定的事实进行认定。驰名商标的认定依据当事人的请求启动，商标局、商标评审委员会以及人民法院均不得主动启动该程序。从本条的立法本意来看，驰名商标认定包括注册商标和未注册商标，也就是未注册商标经过长期使用，具有较高知名度的，在需要时，也可以申请驰名商标的认定。

所谓个案认定，是指当事人必须在具体的商标案件中，认为标识该商品和服务的商标构成对其已为相关公众所熟知商标的复制、摹仿、翻译，并且容易导致混淆或者误导公众，致使该驰名商标持有人的利益可能受到损害时才可以提起驰名商标认定。在需要认定驰名商标的案件中，驰名商标的认定只对本案有效。曾被认定为驰名商标的，在本案中可以作为驰名商标保护记录予以考虑，这一点体现在本条第一款第（四）项。

所谓按需认定，是指根据案件具体情况，须通过驰名商标认定来对权利进行保护的才进行认定，具体表现为权利人认定其商标专用权受到侵害时，如果标识该商品和服务的商标与他人商标区别较大，或者该商标指定使用的商品或者服务与他人商标指定使用的商品或者服务相差较大，标识该商品和服务的商标的注册或者使用会导致消费者混淆误认，即不能通过商标来识别商品和服务的来源，这时需要突破商标专用权的界限对驰名商标进行保护，这就是我们所称的商标的跨类保护。

所谓的被动保护，是指有权作出驰名商标认定的机关即商标局、商评委或者最高法院指定的人民法院，在当事人提出驰名商标的认定请求时，结合审查、处理、审理案件的需要进行认定；若当事人没有提出请求，商标局、商评委或者指定的人民法院是不能作出认定的。

第（一）项所称的相关公众对该商标的知晓程度，依据《商标法释义》第十四条，是指"与使用该商标所标示的某类商品或者服务有关的消费者，生产前述商品或者提供服务的其他经营者以及经销渠道中所涉及的销售者和相关人员中，对该商标以及使用该商标商品或者服务的来源所知悉范围的大小、了解情况的多少等"。

第（二）项所称的该商标使用的持续时间，依据《商标法释义》第十四条，是指该商标不间断地使用于某类商品或者服务上的时间❶。其中，该商标为未注册商标的，应当提供证明其使用持续时间不少于五年的材料；该商标为注册商标的，应当提供证明其注册时间不少于三年或者持续使用时间不少于五年的材料。

第（三）项所称的该商标的任何宣传工作的持续时间、程度和地理范围，是指该商标持有人在实际使用商标的过程中，通过各种媒介进行宣传的时间长短、程度大小以及地域广泛的问题。一个商标要想让相关公众熟知，就需要广为宣传，不断地刺激消费者，使其加深印象。

第（四）项所称的该商标作为驰名商标受保护的记录，是指该商标曾在中国或者其他国家和地区作为驰名商标受保护的材料。该商标之前是否被认定为驰名商标可以作为一个考量因素，若相对方无异议，可以直接认定为驰名商标；但若相对方提出异议，该申请人还应当就其商标是否驰名提供

---

❶ 商标法释义 [EB/OL]. [2020-02-10]. http://www.npc.gov.cn/zgrdw/npc/flsyywd/minshang/2013-12/24/content_1819929.htm.

证据予以证明。

第（五）项所称的该商标驰名的其他因素，是指在认定商标驰名时还应该考虑的其他因素，如使用该商标的主要商品在近三年的销售收入、市场占有率、净利润、纳税额、销售区域等。

依据《商标审查及审理标准》的规定，申请驰名商标的认定可以考虑从以下几方面着手准备相关证明材料：（1）商标所使用的商品或者服务的合同、发票、提货单、银行进账单、进出口凭据等；（2）商标所使用的商品或者服务的销售区域范围、销售网点分布及销售渠道、方式的相关材料等；（3）涉及商标的广播、电影、电视、报纸、期限、网络、户外等媒体广告、媒体评论及其他宣传活动材料；（4）商标所使用的商品或者服务参加的展览会、博览会的相关材料；（5）该商标的最早使用时间和持续使用情况的相关材料；（6）商标在中国以及其他国家和地区的注册证明和使用情况；（7）商标曾被认定为驰名商标以及受保护的法律文件和该商标被侵权或者被假冒的情况；（8）具有资质的会计师事务所出具的、具有公信力的权威机构公布的涉及商标所使用的商品或者服务的销售额、利税额、产值的统计及市场占有率、广告额统计等；（9）商标所使用的商品或服务在全国同行业中的排名或市场占有率，包括国家行业主管部门的证明、国家行业主管部门官方公开数据、权威部门出具的证明和评价等；（10）使用该商标的商品或者服务获得国家发明专利的情况以及申请人自主创新的其他情况；（11）使用该商标的商品或者服务的技术作为国家标准和行业标准的情况；（12）该商标的获奖情况；（13）其他可以证明该商标知名度的材料。

上述因素虽为认定驰名商标应当考虑的因素，但这些因素并不是在进行认定时都需要考虑的，而是根据申请认定商标的具体情况考虑其中的一种或者多种情况或者综合考虑。只要当事人提供的证明材料能够证明商标在市场上确实具有较高声誉，足可以认定为驰名商标，均可以提出驰名商标认定请求。

  第二款、第三款、第四款规定的是驰名商标的认定程序和认定主体，从形式上看分为行政认定程序和司法认定程序。行政认定程序是指在商标注册审查、工商行政管理部门查处商标违法过程中以及在商标争议处理过程中，当事人依据第十三条规定请求权利保护的，商标局、商标评审委员会可以根据审查处理案件的需要对于商标是否驰名作出认定。例如，当该驰名商标并没有在中国获得注册时，如果他人就相同或者类似商品申请、注册或者使用的商标是复制、摹仿或者翻译该驰名商标，容易导致混淆的；当驰名商标已经在中国获准注册时，如果他人就不相同或者不相类似商品申请、注册或者使用的商标是复制、摹仿或者翻译该驰名商标，容易误导公众，致使该驰名商标注册人的利益可能受到损害的。出现上述情形时当事人可以在异议程序、撤销程序、无效程序以及地方工商行政执行机关提出的行政处罚程序中提出认定申请。但适用《商标法》第十三条第二款、第三款时，申请认定的商标须在系争商标的申请日之前已经驰名。司法认定程序是指在案件中，人民法院根据当事人的请求和案件审理的具体情况，可以对涉及注册商标是否驰名依法作出认定。这里的人民法院必须是有权审理和进行认定的法院，即须是最高人民法院指定的法院，具有第一审知识产权民事案件管辖权的基层法院截至2015年6月份一共有165家，其中北京市有12家，天津市有2家，上海市有6家，重庆市3家，广东省34家，江苏35家，浙江省32家等。

第五款规定了禁止使用驰名商标进行宣传，即不得将驰名商标的字样使用在商品、包装、容器以及广告宣传等商业活动中。这在限制驰名商标的宣传上迈出了具有关键意义的一步，首次以立法的形式明确禁止驰名商标的宣传。但是以该条款与《商标法》第四十八条关于商标使用的具体表现形式对比后会发现，这里并没有禁止驰名商标使用于商品交易文书，从整个商标法的立法体系来看，应该不是疏忽遗漏。商标使用的终极目的是区分商品或者服务的来源，无论是该商品或者服务的消费者还是对于生产者、提供者等来说，其知悉该商标的渠道多为商品、包装、容器、广告宣传、展览会等，而商品交易文书相对来说受众面较窄，基本上均为交易的相对方，商标的使用者通过此渠道进行宣传的作用显然有限，从这个角度来说商品的生产者或者服务的提供者通过该种渠道达到宣传其商标的目的无法实现。

第十五条　禁止恶意注册

【第十五条】未经授权，代理人或者代表人以自己的名义将被代理人或者被代表人的商标进行注册，被代理人或者被代表人提出异议的，不予注册并禁止使用。

就同一种商品或者类似商品申请注册的商标与他人在先使用的未注册商标相同或者近似，申请人与该他人具有前款规定以外的合同、业务往来关系或者其他关系而明知该他人商标存在，该他人提出异议的，不予注册。

本条是关于禁止恶意注册的规定。

代理人或代表人未经授权擅自将被代理人或被代表人的商标进行注册以及因业务往来关系明知是他人的商标而进行抢注的行为，均属违反诚实信用原则，侵害了被代理人或者被代表人以及在先使用人或者其他利害关系人的合法权益。本条规定的目的是维护公平有序的市场竞争秩序。

本条第一款所称的未经授权，是指未取得被代理人或者被代表人的许可。委托代理关系中的代理人或者代表人应当按照被代理人或者被代表人授权的期间和权限办理委托事宜，超出授权期间和权限的代理行为，未经被代理人或被代表人追认的情形，属于无权代理。依据合同法及民法总则的规定，无权代理的法律后果应当由无权代理人自己承担。在本条规定的情况下，无权代理的行为损害了被代理人或者被代表人的合法权益，因此是被禁止的。

第一款所称的代理人不仅包括民法总则和合同法规定的代理人，还包括基于业务往来关系而知悉该商标的经销商或者其他中介机构等；代表人是指具有从属于被代表人的特定身份，多为执行职务行为而具有合法授权的人员等。

在未经授权的情况下，代理人或者代表人以自己名义将被代理人或者被代表人的商标进行注册，属于擅自注册的行为。擅自注册的行为是指代理或代表关系发生在磋商阶段或者代理、代表行为结束后，代理人或者代表人知悉被代理人、被代表人商标后进行注册，致使被代理人、被代表人利益可能受到损害的情形。《商标法》设置本条的目的显然不是只约束代理人或者代表人，而是要从根本上遏制恶意抢注商标注册的行为，所以那些虽然没有以代理人或者代表人名义申请注册被代理人或者被代表人的商标，但有证据证明申请人与代理人或代表人具有合谋行为的，如亲属关系、投资合作关系等均可以认定为未经许可擅自注册的行为。依据《商标审查及审理标准》，实践中用于证明代理或者代表关系存在的证明材料基本为：(1) 代理、经销合同；(2) 可以证明代理、经销关系的交易凭证、采购资料等；(3) 企业注册登记资料；(4) 企业的工资表、劳动合同、任职文件、社会保险等资料。

如何判断代理人或代表人及与其具有亲属、投资合作关系的人擅自注册了被代理人或者被代表人的商标？首先要看争议商标与被代理人或者被代表人的商标是否使用在相同或者类似商标或者服务上，再对争议商标与被代理人或者被代表人的商标是否相同或者近似进行判断，最后对是否经过授权或者是否属于擅自注册进行分析研判。

第一款的被代理人或者被代表人提出异议，是指在争议商标异议程序中，被代理人或者被代表人认为其违反本条第一款规定的，可以此为由向商标局提出异议。根据商标法的规定，在商标注册审查过程中，在先权利人或者利害关系人提出异议的期间只能是商标异议程序阶段，即初步审定公告之日起三个月内，其他时间段不能提出异议。如果未能在该期间内提出异议，争议商标就可能被核准注册，则该被代理人或者被代表人只能在该商标被核准注册后，依据《商标法》第四十四条、第四十五条的规定向商评委提出无效宣告申请，来达到使争议商标无效的目的。提出异议时应当按照商标局规定的文本格式书面提出，并提供存在代理或者代表证据的相应材料。商标局收到书面异议申请后，依据《商标法》第三十五条规定的程序进行审查后，认定属于本条第一款规定情形的，商标局将作出不予注册的决定，不予注册的决定生效后，争议商标的申请人将不能使用争议商标。

第一款所称的不予注册并禁止使用，是指出现前述规定情形的，代理人或者代表人以自己名义提出的商标注册申请，不仅不能获得商标局核准注册，而且不得使用。

本条第二款所称的同一种商品，是指名称相同的商品，或者名称虽然不相同，但所指的商品是相同的商品。

类似商品，是指在商品的功能、用途、生产部门、销售渠道、消费对象等方面相同或者相近。

商标相同，是指争议商标与该他人的商标相比较，视觉上无差别。

商标近似，是指商标的音形义、图形的构图、颜色等相近似。

他人在先使用的未注册商标，是指该款所称商标注册申请人在提出商标注册之前，该他人已经进行使用的未注册商标。

合同、业务往来关系，是指双方存在代表、代理关系以外的其他商业合作、贸易往来关系。常见的合同、业务往来关系包括如买卖关系、委托加工关系、许可使用关系、投资关系、赞助或联合举办活动、业务考察或磋商关系、广告代理关系等。

其他关系，是指双方商业往来之外的其他关系，如亲属关系、同学朋友关系以及其他隶属关系等。实务当中可以从以下几个方面来证明是否存在合同、业务往来关系，如合同、双方之间的来往信函、交易凭证、采购资料、工资表、劳动合同、社会保险缴纳记录等及其他证明特定关系的证据。

因特定关系的存在而明知他人商标存在而抢注的行为，违反了诚实信用原则，侵害了在先商标使用人或者利害关系人的合法权益。其中的特定关系就是本条第二款所指的因合同、业务往来或其他关系而有机会接触或者了解该商标的存在。

适用本条第二款首先要明确争议商标指定使用的商品或者服务与他人在先使用商标的商品或者服务相同或者类似；其次，他人的商标在争议商标申请之前就已经投入使用；最后，争议商标注册申请人与商标在先使用人存在合同、业务往来关系或者其他关系而明知该商标的存在，以及争议商标与他人商标是否相同或者近似。如何判断在先使用？实践中只要在实际销售的商品、提供的服务上使用商标，包括对商标进行推广宣传，均视为使用。在先使用人只需提出其实际使用的时间即可，无须证明是否具有一定影响力。

第十六条　地理标志

【第十六条】商标中有商品的地理标志，而该商品并非来源于该标志所标示的地区，误导公众的，不予注册并禁止使用；但是，已经善意取得注册的继续有效。

前款所称地理标志，是指标示某商品来源于某地区，该商品的特定质量、信誉或者其他特征，主要由该地区的自然因素或者人文因素所决定的标志。

本条是关于地理标志的规定。

本条所称的地理标志，是指标示某商品来源于某地区，该商品的特定质量、信誉或者其他特征，主要由该地区的自然因素或者人文因素所决定的标志。本条第二款对地理标志的含义作了规定。

第二款所称的标示某商品来源于某地区，是指地理标志是一种标示商品地理来源的标志，具有识别功能。从地理标志的名称来看，可以清楚地知道其所标示的商品的来源地。例如，使用阳澄湖地理标志的大闸蟹，就标示着该大闸蟹是江苏昆山阳澄湖的大闸蟹，而不是江苏无锡太湖的大闸蟹或者浙江杭州西湖的大闸蟹；使用盱眙地理标志的龙虾，就标示着该龙虾是江苏盱眙洪泽湖的龙虾，而不是金湖或阳澄湖的龙虾。通过上述举例可以看出，地理标志作为一种标示商品地理来源的标志，其构成要素就是地理名称，该地理名称应当是现实存在的，而不是虚构出来的，如信阳红茶地理标志中的信阳位于河南省，阳澄湖大闸蟹地理标志中的阳澄湖位于江苏省昆山市。

第二款所称的该商品的特定质量、信誉或者其他特征，是指使用地理标志的商品通常具备特定的质量、信誉以及其他特征。在申请地理标志注册申请时，应当详细说明使用该地理标志的商品所具有的特定质量和特征。例如，商标局官网上《地理标志商标注册申请15问》中，"江安黑山羊"指定使用在"羊（活动物）"商品上时关于基本特征部分是这样描述的："全身被毛呈黑色，毛细匀短浅；体型中等大，体质结实，各部位结构匀称、紧凑；公羊角粗大，角长16-19厘米，向后下弯曲呈镰刀形，有须；母羊角较小、呈八字形；头大小适中，额髋面平，鼻梁微隆，竖耳；颈长短适中，背腰平直，胸部深广、肋骨开张，荐部较宽，尻部较丰满；公羊睾丸对称，大小适中，发育良好；母羊乳头两个，无附乳头，呈球形。体略高但整体匀称，公羊平均体重约31.45公斤，平均体高约67.25厘米（根据……研究报告公布的数据，高出其他同类公山羊5-7厘米）；母羊平均体重约29.47公斤，平均体高约59.71厘米（根据……研究报告公布的数据，高出其他同类母山羊2-4厘米）。"

"江安黑山羊"指定使用在"羊肉"商品上时关于基本特征部分是这样描述的："肌肉有光泽，红色均匀，脂肪洁白或淡黄，色肉色佳；外表微干或微湿润不黏手，新切面湿润但不黏手；切面肉致密，指压后凹陷可以迅速的恢复原状；具有鲜羊肉固有的气味，膻味相对其他较轻，无臭味，无异味。煮肉汤透明澄清，脂肪团聚于表面，具有香味。蛋白质含量≥22.6%（根据……研究报告公布的数据，高出其他同类山羊肉约0.3%），脂肪含量≤3%（根据……研究报告公布的数据，低于其他同类山羊肉约2.5%）。"

第二款所称的主要由该地区的自然因素或者人文因素所

决定,是指使用地理标志的商品所具有的特定质量、信誉或者其他特征与该地区的自然因素或者人文因素有直接关系,不是产自该地区的商品就不具有特定质量、信誉或者其他特征。《商标法释义》第十六条的解释为,所谓自然因素,是指自然界客观存在的各种因素,如水质、土壤、地势、气势等。所谓人文因素,是指人类社会生产、生活中的各种因素,如用料、配方、工艺、历史传统等❶。从本条内容可知,特定的质量、信誉以及其他特征并不是单独由自然因素或者人文因素确定,有时是自然因素和人文因素相互产生影响、相互作用的结果,如商标局官网中《地理标志商标注册申请15问》中关于"金乡黑蒜"的生长条件以及特征描述。由于地理条件、人文因素不同,同样的商品种植或者养殖在不同的地区,就会产生不同的质量和信誉以及其他特征。

第一款所称的该商品并非来源于该标志所标示的地区误导公众的,是指标示有地理标识的产品不是来源于该地理标识所标识的地区,容易误导相关消费者。如前所述,地理标志本身具有一定的识别功能,相关消费者正是基于对该地理标志的信赖才购买该商品或者接受该服务,但如果实际产品与其所标识的区域不符,必定会造成市场混淆,不仅损害了消费者的合法权益,也损害了原地理标志所标识的商品权利人的合法权益。

第一款中的不予注册并禁止使用,是指当该申请注册的地理标识与其商品的实际产地不符时,由商标局予以驳回,不予注册;实际使用也会造成市场混淆,因此也禁止使用。

第一款所称的已经善意取得注册的继续有效,是指为了保护确因历史传统原因而已经准予注册,原注册申请人并无

---

❶ 商标法释义[EB/OL].[2020-02-10].http://www.npc.gov.cn/zgrdw/npc/flsyywd/minshang/2013-12/24/content_1819929.htm.

恶意，为维持商标使用的稳定性，而认定继续有效。本条但书部分也是考虑到确实由于历史原因，一些善意取得商标注册的申请人在长期使用过程产生了区别性，允许其继续使用，不会产生误认。

  依据2005年7月15日施行的《地理标志产品保护规定》的规定，地理标志申请主体应当是由当地县级以上人民政府指定的地理标志产品保护申请机构或者人民政府认定的协会和企业，并不是所属地的任何单位和企业都可以提出地理标志的保护申请。另外，申请主体提出申请时，还应当提交以下材料：(1) 当地政府关于划定地理标志产品产地范围的建议；(2) 申请人的资质文件；(3) 地理标志的证明材料，如地理标志产品保护申请书，产品名称、类别、产地范围及地理特征的说明，产品的理化、感官等质量特色及其与产地的自然因素和人文因素之间关系的说明，产品生产技术规范(包括产品加工工艺、安全卫生要求、加工设备的技术要求等)，产品的知名度、产品生产、销售情况及历史渊源的说明；(4) 拟申请的地理标志产品的技术标准。上述材料将根据行政主管部门的不同时期的要求而进行相应的调整。

第十七条 外国人或外国企业申请注册商标的权利

【第十七条】外国人或者外国企业在中国申请商标注册的，应当按其所属国和中华人民共和国签订的协议或者共同参加的国际条约办理，或者按对等原则办理。

本条是关于外国人或者外国企业向商标局申请商标注册所需遵循的规定。

除《商标法》第六条规定的情形外，商标的使用并未规定强制注册，但如果需要取得商标专用权就必须向商标局提出注册申请。由于商标的地域性，无论是注册商标还是未注册的商标，并不当然在他国有效。因此，外国人和外国组织在其所属国或者其他国家已经获得商标专用权，并不当然在我国获得保护。只有将同一商标在我国申请注册或者在我国进行使用后，才可能在我国享有商标权保护。那么，外国人、外国企业和外国其他组织是否享有在我国申请商标的权利呢？对这一问题，需要将外国人、外国企业和外国其他组织分成两种：一种是在中国有经常居所或者营业所的，二是在中国没有经常居所或者营业所的。按照国际惯例和国民待遇原则，第一种人在商标权的保护上可以享受国民待遇，即与本国国民一样有权申请商标，从而获得商标保护。至于第二种人，根据本条规定，有下列三种情况之一的，可以依照《商标法》在我国申请商标注册：（1）外国人的所属国与我国签订的双边协议规定，互相给予对方国民以商标权保护的；（2）外国人的所属国和我国共同参加的国际条约规定，互相给予对方国民以商标权保护的；(3) 尽管外国人所属国和我国既没有签订双边协议，又没有共同加入国际条约，但对方在商标法中规定或者在实践中依照互惠原则给我国国民以商标保护的。

本条所称的外国人，是指外国的自然人。联系到下文"按其所属国"的说法，应当是指具有一定国籍的外国自然人，不包括无国籍人。至于某人是不是某一国家的公民，只有其相应国的法律才能确定。商标局在收到外国自然人的商标申请时，对该外国自然人的国籍有疑问的，可以要求该外国申请人提供国籍证明。

本条所称的外国企业，是指具有某一外国国籍的法人和非法人组织。至于法人和其他组织的国籍，按照国际私法的规定，通过设立地或者总部所在地等予以确定。商标局收到外国企业的商标申请时，对该外国企业的国籍有疑义的，可以要求该外国企业或者外国其他组织提供其国籍的证明文件。

本条所称经常居所，与《民法总则》规定的"经常居住地"具有同一含义，是指自然人离开住所地后连续居住一年以上的地方。根据《民法总则》的原理，公民的经常居住地与住所不一致的，经常居住地视为住所。

本条所称的签订的协议或者参加的条约，是指我国参加的涉及商标的国际条约，包括《巴黎公约》《TRIPS协定》等。

本条所称的对等原则，是指国家与国家之间、国家与地区之间对商标申请以及其他商标事宜的处理，互相给予对方同等的待遇。也就是说申请商标注册的外国人或者外国企业所属国的法律给予我国自然人、法人或者其他组织商标注册保护的，出于对等原则，我国也给予该国的自然人、法人或者其他组织商标注册保护。

第十八条 商标代理

【第十八条】申请商标注册或者办理其他商标事宜，可以自行办理，也可以委托依法设立的商标代理机构办理。

外国人或者外国企业在中国申请商标注册和办理其他商标事宜的，应当委托依法设立的商标代理机构办理。

本条是关于商标注册事宜办理及代理的规定。

本条第一款及第二款所称的申请商标注册或者办理其他商标事项，是指申请商标注册、变更、转让、使用许可备案、提出异议申请、提出撤销申请、请求无效宣告、提出复审请求以及参与复审程序等商标事务。

第一款所称的可以自行办理或者委托依法设立的商标代理机构办理，是指办理商标注册申请以及其他商标事项，对于其自行办理还是委托商标代理机构，法律并不做强制性规定，由申请人自行决定。为此，本条规定中国单位或者个人在国内申请商标注册或办理其他商标事项的，可以委托商标代理机构办理。这就意味着，我国单位或者个人在国内申请商标注册或者办理其他商标事项可以自主决定是否委托商标代理机构办理。

第二款所称的外国人或外国企业应当委托依法设立的商标代理机构办理，是指外国人或者外国企业在中国办理商标注册申请或者其他商标事项的，应当委托依法设立的商标代理机构办理。本条明确要求外国人或外国企业在中国申请商标注册或者办理其他商标事项的，应当委托依法设立的商标代理机构办理，被代理人因这种代理行为与商标局之间形成一种行政程序法律关系。在这种法律关系中，商标局需要向被代理人即商标注册申请人送达文件。如果商标注册申请人在我国境内没有居所或者营业所，国家知识产权局商标局直接向商标注册申请人送达文件需要较长的时间，甚至经常出现难以送达的情况。为此，在我国对于没有经常居所或者营业所的外国人、外国企业或者其他组织申请商标注册或者办理其他商标事项的，应当委托依法设立的商标代理机构办理。

　　本条所称的商标代理机构，是指接受委托人的委托，以委托人的名义办理商标注册申请或者其他商标事宜的法律服务机构。商标代理机构应当依法设立并经商标备案，方可取得相应的商标代理资格。商标代理机构主要有两种：一是专门从事商标注册申请和其他商标事项的代理机构，该种代理机构相对而言随着从业时间的增加，拥有相对丰富的代理经验。但这种代理机构在市场上鱼龙混杂，代理经验参差不齐，需要委托人擦亮眼睛。二是在商标局备案后取得相应的商标代理资质的律师事务所，可以开展相应的商标代理业务，这是在2014年原国家工商行政管理总局商标局决定放开商标从业人员及代理机构后给予律师事务所的福利，律师事务所代理商标业务有着天然的优势，因为律师事务所不仅熟悉商标法及相关法律规定，且在判断类似商品及近似商标上也有着非常清晰的脉络。如笔者所在的江苏昆成律师事务所于2016年向商标局备案，并取得相应的代理资格，迄今办理了大量的商标注册申请、变更以及商标复审业务。商标代理人是指在商标代理机构中从事商标注册申请以及其他商标注册事项的人员。根据当前的法律规定，取消了以前需要通过考试取得一定资格的限定，对于从事商标代理业务的人员并没有特殊要求，如要从事商标代理业务，只要向国家知识产权局商标局进行备案即可。其从业的门槛较低，代理业务水平参差不齐，但随着我国商标代理行业日趋成熟，越来越多的商标代理机构具备了办理涉外商标代理事务的能力。

商标注册申请人申请商标注册或者办理其他商标事项，因为自己忙于其他事务，或者缺乏商标注册及商标事项的知识而委托商标代理机构代理。毕竟商标注册及商标事项涉及类似商品和近似商标的判断。此外，商标注册及商标事项还需要在国家知识产权局商标局办理许多手续，在审查过程中甚至可能涉及申请补正、商标说明、商标评审等专业事项。这些不仅需要从业经验的累积，更需要有商标法等方面的专门知识。

第十九条　商标代理机构行为规范

【第十九条】商标代理机构应当遵循诚实信用原则，遵守法律、行政法规，按照被代理人的委托办理商标注册申请或者其他商标事宜；对在代理过程中知悉的被代理人的商业秘密，负有保密义务。

委托人申请注册的商标可能存在本法规定不得注册情形的，商标代理机构应当明确告知委托人。

商标代理机构知道或者应当知道委托人申请注册的商标属于本法第四条、第十五条和第三十二条规定情形的，不得接受其委托。

商标代理机构除对其代理服务申请商标注册外，不得申请注册其他商标。

本条是关于商标代理机构行为规范的规定。

本条第三款中提及的第四条，属于2019年《商标法》修改新增加的内容，本条分别从商标代理机构应当遵循的法律原则及保密义务等，到商标代理机构的告知义务、特定情况下的不得接受委托等都有所规定。尤其是第四款，对有效遏制囤积商标的行为起到了一定程度的作用。

第一款所称的诚实信用原则，是民法的基本原则，简称诚信原则，是指商标代理机构在办理商标注册申请或者其他商标事宜的过程中必须诚实守信。诚实信用原则是市场经济活动的一项基本道德准则，是现代法治社会的一项基本法律规则。结合到商标法当中，诚实信用原则要求商标代理机构在代理商标注册和其他商标事项的过程中，除遵守现行的法律法规外,还应当充分维护委托人的合法权益。无论是否办理了委托,对于洽谈过程中知悉的商标信息、商业秘密,甚至于商标代理事项完成后对于知悉的商业秘密都负有保密的义务,不得以任何形式自己使用、泄露或者披露给他人使用。若有违反,情节严重的,涉嫌侵犯商业秘密罪。

第一款所称的遵守法律、法规,是指商标代理机构应当遵守诸如合同法、商标法以及商标实施条例等法律、法规的规定。

第一款所称的按照被代理人的委托办理商标注册申请或者其他商标事宜,是指商标代理机构应当在被代理人授权范围内办理商标注册申请或者其他商标事宜,不得超出被代理人授权的范围。合同法及民法总则规定,委托代理按照被代理人的委托行使代理权。没有代理权、超越代理权或者代理权终止后的行为,只有经过被代理人的追认,被代理人才承担民事责任。未经追认的行为,由行为人承担民事责任。本条再次强调了商标代理机构的义务。

第一款所称的保密义务,是指商标代理机构在商标业务代理过程中,对于接触到的被代理人的商业秘密,未经被代理人许可,不得对外公开。根据反不正当竞争法的规定,所谓商业秘密,是指不为公众所知悉,能为权利人带来经济利益,具有实用性,并经权利人采取保密措施的技术信息和经营信息。商业秘密的核心在于秘密性和实用性。

第二款所称的不得注册的情形,是指因违反了商标法及相关法律规定,商标局不予受理的情形。该款中提到的商标不得注册的情况,分别规定在《商标法》第四条、第十条、第十一条、第十二条、第十三条、第十五条、第十六条等,其中第四条因不以使用为目的,不得注册;第十条是因法律规定禁止作为商标使用,不得注册;第十一条是因缺乏显著性,不能发挥商标的识别功能,不得注册;第十三条第二款和第三款是因与他人在相同或者类似商品的未注册驰名商标相同或者相近似以及与他人在不相同或者不相类似商品的已注册驰名商标相同或者相近似而导致混淆的,不得注册;第十五条是因代理人或者代表人在未经授权的情况下,以自己名义提出申请,不得注册;第十六条第一款是因商标中含有的地理标志与该商品的来源不符,不得注册。上述列举的不得注册的情形,要么是违反法律规定而不得注册,要么是损害了他人在先权利而不得注册。商标代理机构作为具有专门商标业务知识的法律服务机构,应熟悉商标事宜的办理业务,了解法律规定关于商标不得注册的情形。明确告知委托人不得注册的情形,有助于委托人作出是否继续委托的决定,并最大程度降低委托人的损失。为此,本条第二款特别规定,委托人申请注册的商标可能存在商标法规定不得注册情形的,商标代理机构应当明确告知委托人。

第三款所称的不得接受申请人委托,是指当申请人申请注册的商标属于《商标法》第四条、第十五条和第三十二条规定情形的,商标代理机构不得利用其专业优势接受委托人的委托,提出商标注册申请。《商标法》第四条是指不以使用为目的的恶意商标注册申请,应当予以驳回;《商标法》第十五条是指未经授权或者未经委托的情况下,将他人商标以自己名义进行注册或者以其他途径知晓或者因合作关系等将他人在先使用的未注册商标以自己的名义进行注册;《商标法》第三十二条是指将他人在先的权利如著作权、姓名权、名称权、外观设计专利权等作为商标注册,或者将他人在先使用的未注册商标抢先注册等损害他人在先权利的情形。实际上,无论是《商标法》第十五条还是第三十二条都包含损害他人在先权利的情形,都是不诚信的行为,商标代理机构在明知的情况下仍然接受委托人的委托，无疑助长了不正之风，还可能涉嫌扰乱商标代理的市场秩序，因此，商标法对这种代理行为进行了禁止。

第四款所称的商标代理机构除对其代理业务申请注册商标外，不得申请注册其他商标，是指在《商品和服务类似区分表》的四十五个类别中，商标代理机构只能在其商标代理业务本身所属种类商品类别上申请商标注册，不能在其他的类别上申请商标注册。这在一定程度上对商标代理机构恶意囤积商标的行为进行了限制，但不能从根本上避免恶意囤积商标注册的情形，如商标代理机构的负责人或者其他工作人员另外成立公司，再以该公司的名义大量注册商标，在这种情况下，如何认定其恶意或者其有不正当的意图呢？另外，一个机构或者公司具有商标代理机构的身份的同时还具有其他经营范围或者其他身份的，其是否可以以另外一个身份来申请注册其他类别的商标？如江苏昆成律师事务所，其不但是拥有律师执业许可证和专利代理机构组织证的双证资质的律师事务所，还在国家知识产权局商标局有商标代理资质的备案，也就是说江苏昆成律师事务所不但可以开展法律服务和专利代理业务，还可以开展商标代理业务。在这种情况下，江苏昆成律师事务所是只可在商标代理业务上申请商标，还是说其还可以在其他类别上申请注册其他商标？在这一点的理解上应当有不少人存在疑惑。但是从该款的立法本意来看，具备商标代理资质的机构除对其商标代理业务申请商标注册外，是不允许注册其他商标的，否则本条款的立法目的也就落空了。

第二十条　商标代理行业组织及职责

【第二十条】商标代理行业组织应当按照章程规定，严格执行吸纳会员的条件，对违反行业自律规范的会员实行惩戒。商标代理行业组织对其吸纳的会员和对会员的惩戒情况，应当及时向社会公布。

本条是关于商标代理行业组织及其职责的规定。

本条所称的商标代理行业组织，是指由商标代理组织发起，并经中华人民共和国民政部批准登记，受国家市场监督管理总局指导、中华商标协会领导的全国性社团组织。商标代理行业组织实际上就是中华商标协会商标代理分会。中华商标协会商标代理分会（以下简称"商标代理分会"）成立于2008年，是由国内较大规模、信誉良好的一些商标代理组织发起成立的。商标代理分会主要职责是：制定行业发展规划、行业标准，建立健全行业规章制度；开展商标代理行业宣传、培训、国际交流合作及诚信建设，规范行业行为；充分发挥服务与桥梁作用，建立商标代理组织与行政主管部门的沟通渠道，向各级工商行政管理机关反映行业意见和会员诉求，维护商标代理组织的合法权益；充分运用人才资源优势，开展商标理论研究和行业调查研究，参与相关法律法规、政策的研究、制定，向行政主管部门提出行业发展和立法等方面的意见和建议；协调会员之间的关系以及代理行业和企业、相关行业的关系；完善行业管理，加强行业自律，促进行业发展。

本条所称的章程，是指商标代理分会章程。商标代理分会的章程共分八章，第一章总则，第二章业务范围，第三章会员，第四章负责人产生、罢免，第五章资产管理、使用原则，第六章章程的修改程序，第七章终止程序、终止后的财产处理，第八章附则。

本条所称的吸纳会员的条件，依据商标代理分会章程，是指入会必须具备下列条件：（1）拥护代理分会章程；（2）有加入代理分会的意愿；（3）经过主管机关批准依法设立的独立法人；（4）同意缴纳会费。商标代理协会章程中同时规定了入会的程序：提交入会申请；经代理分会秘书处审核；报代理分会会长批准；由代理分会秘书处颁发会员证。本条要求商标代理行业组织严格执行吸纳会员的条件，就是要求商标代理行业组织应当严格把关，按照章程规定的程序提出申请的会员，经批准后，方可取得会员资格；不能准许不符合会员条件以及违反章程规定程序的会员入会。

本条所称的对违反行业自律规范的会员实行惩戒，是指经批准入会的会员，应当严格遵守章程和相关法律、法规的规定，在会员有违反行业自律规范时，商标代理分会有责任依据章程规定对其进行惩罚，以示惩戒。例如，2013年1月25日施行的《商标代理分会惩戒规则》是由商标代理分会理事会指定，由商标代理分会负责解释的，其中规定商标代理分会会员违反有关法律、法规和规章规定的，由商标代理分会设立的行业纪律委员会按照惩戒规则给予惩戒。根据惩戒规则，对商标代理机构的惩戒分为：警告；通报批评；终止会员资格；除名并将惩戒结果报送商标主管部门，提请行政管理部门给予相应的行政处罚。当商标代理机构出现如下情形时，应当按照惩戒规则给予惩戒：（1）申请入会时隐瞒真实情况，弄虚作假的；（2）以不正当手段招揽业务的；（3）与第三方串通，损害委托人合法权益的；（4）委托其他单位和个人从事商标代办活动,并为从事上述活动提供任何便利。(5)接受同一商标案件中双方当事人的委托。(6)损害国家和社会公共利益或者其他代理组织合法权益的;(7)从事其他非法活动的。对会员出现上述(5)(7)行为的,任何单位或者个人都有权向商标代理分会秘书处投诉。同时《商标法》第六十八条规定,商标局对于上述违规行为可以记入诚实信用档案,情节严重的,商标局和商标评审委员会可以暂停受理商标代理机构的商标申请及其他代理业务。

  本条所称的对吸纳的会员和对会员的惩戒情况,应当及时向社会公布,是指商标代理分会应当将吸纳的会员和对会员的惩戒通过官方网站、报纸、杂志、广播、电视等媒介向广大社会公众进行公布,使广大社会公众及时知晓新入会会员以及对违规会员的惩戒情况,便于社会公众在选择商标代理机构前,全面了解相关代理机构的基本情况。为此本条将"严格执行吸纳会员的条件,对于违反行业自律规范的会员实行惩戒。商标代理行业组织对其吸纳的会员和对会员的惩戒情况,应当及时向社会公布"规定为商标代理分会的职责。

第二十一条　商标国际注册

【第二十一条】商标国际注册遵循中华人民共和国缔结或者参加的有关国际条约确立的制度，具体办法由国务院规定。

本条是关于商标国际注册的规定。

本法所称的商标国际注册，是指根据《商标国际注册马德里协定》（以下简称《马德里协定》）和《商标国际注册马德里协定有关议定书》（以下简称《马德里议定书》）及《商标国际注册马德里协定及该协定有关议定书的共同实施细则》的规定办理的马德里商标国际注册。马德里商标国际注册申请包括以中国为原属国的商标国际注册申请、指定中国的领域延伸申请及其他有关的申请。

本条所称的有关国际条约，是指《马德里协定》《马德里议定书》以及《商标国际注册马德里协定及该协定有关议定书的共同实施细则》。

本条所称的具体办法由国务院规定，是指依据本条的规定，《商标法实施条例》中增设商标国际注册专章，对马德里商标国际注册的相关内容予以规定。其中主要包括以下内容：商标国际注册的范围，申请商标国际注册的条件、基本程序，以及审查商标国际注册申请的基本程序等，并就国际注册商标的有效期起算点、续展、转让、删减指定商品或者服务等与国内注册商标做法不同的方面进行了专门规定。

第二章
商标注册的申请

第二十二条 商标注册申请的提出

【第二十二条】商标注册申请人应当按规定的商品分类表填报使用商标的商品类别和商品名称,提出注册申请。

商标注册申请人可以通过一份申请就多个类别的商品申请注册同一商标。

商标注册申请等有关文件,可以以书面方式或者数据电文方式提出。

本条是关于提出商标注册申请的规定。

本条第一款所称的商品分类表,是指《类似商品和服务区分表》,该表是我国商标主管机关为了商标检索、审查、管理工作的需要,以《商标注册用商品和服务国际分类》为基础,将一些存在特定联系、容易造成误认的商品和服务组合归类在一起,编制而成的。《类似商品和服务区分表》可以作为商标审查人员、商标代理人、商标申请人以及其他从事商标业务的人员判断商品和服务类似与否的参考,以及行政机关和司法机关在处理相关商标案件时判断类似商品和服务的参考。依据《类似商品和服务区分表》的说明可知，其采用的层次代码结构的方式进行设置，第一层次为类似商品和服务类别，用"第一类，第二类，第……类"的方式表示，全表共有四十五个类别，其中前三十四类为商品分类，后十一类为服务分类；第二层次为商品和服务类似群组，采用四位数字表示，前两位表示所属的类别，后两位表示类似群组号；第三层次为商品和服务项目，用六位数字编号表示，前两位表示商品和服务类别，后四位表示商品或服务项目编码，前端有"C"字标注的编号，表示该商品名称或服务项目及编号未列入《商标注册用商品和服务国际分类》的我国常用的商品和服务项目；第四层次为类似群中的分段代码，用中文代码（一）（二）……分段表示各类似群的某一部分；第五层次为加"注"说明，对于某些特别情况下的个案商品或服务项目则在该类似群组后面用加"注"的形式予以具体说明，有多项的用1、2、…区分条说明。

第一款所称的商品分类，是指根据商品和服务的原材料、性能、用途、工艺以及服务性质等对商品和服务共计分成四十五个大类。依据《类似商品和服务区分表》，四十五个大类的内容分别是：

一、用于工业、科学、摄影、农业、园艺和林业的化学品，未加工人造合成树脂，未加工塑料物质，肥料；灭火用合成物，淬火和焊接用制剂；保存食品用化学品；鞣料；工业用粘合剂。

二、颜料，清漆、漆，防锈剂和木材防腐剂，着色剂、媒染剂，未加工的天然树脂，画家、装饰家、印刷商和艺术家用金属箔及金属粉。

三、洗衣用漂白剂及其他物料，清洁、擦亮、去渍及研磨用制剂，肥皂，香料，香精油，化妆品，洗发水，牙膏，牙粉。

四、工业用油及油脂，润滑剂，吸收、喷洒和粘结灰尘用品，燃料（包括马达用的汽油）和照明剂，蜡烛，灯芯。

五、药品，兽药及卫生用品，医用营养品，婴儿用食品，膏药，绷敷材料，填塞牙孔和牙模用料，消毒剂，消灭有害物制品，杀真菌剂，除莠剂。

六、普通金属及其合金，金属建筑材料，可移动金属建筑物，铁轨用金属材料，非电气用缆索和金属线，小五金器具，金属管，保险箱，不属别类的普通金属制品，矿砂。

七、机器和机床，马达和发动机（陆地车辆用除外），机器传动用联轴节和传动机件（陆地车辆用除外），非手动农业机具，孵化器。

八、手工用具和器械（手工操作的），刀叉餐具，佩刀，剃刀。

九、科学，航海，测地，电气，摄影，电影，光学，衡具，量具，信号，检验（监督），救护（营救）和教学用具及仪器，录制、通讯、重放声音和形象的器具，磁性数据载体，录音盘，自动售货器和投币启动装置的机械结构，现金收入记录机，计算机和数据处理装置，灭火器械。

十、外科、医疗、牙科和兽医用仪器及器械，假肢、假眼和假牙，矫形用品，缝合用材料。

十一、照明、加温、蒸汽、烹调、冷藏、干燥、通风、供水以及卫生设备装置。

十二、车辆，陆、空、海用装载器。

十三、火器，军火及子弹，爆炸物，焰火。

十四、贵重金属及其合金以及不属别类的贵重金属制品或镀有贵重金属的物品，珠宝，首饰，宝石，钟表和计时仪器。

十五、乐器。

十六、不属别类的纸、纸板及其制品，印刷品，装订用品，照片，文具用品，文具或家庭用粘合剂，美术用品，画笔，打字机和办公用品（家具除外），教育或教学用品（仪器除外），包装用塑料物品（不属别类的），纸牌，印刷铅字、印版。

十七、橡胶、古塔胶、树胶、石棉、云母，以及不属别类的这些原材料的制品，生产用成型塑料制品，包装、填充和绝缘用材料，非金属软管。

十八、皮革及人造皮革，不属别类的皮革及人造皮革制品，毛皮，箱子及旅行袋，雨伞、阳伞及手杖，鞭和马具。

十九、非金属的建筑材料，建筑用非金属刚性管，沥青，柏油，可移动非金属建筑物，非金属碑。

二十、家具，玻璃，镜框，不属别类的木、软木、苇、藤、柳条、角、骨、象牙、鲸骨、贝壳、琥珀、珍珠母、海泡石制品，这些材料的代用品或塑料制品。

二十一、家庭或厨房用具及容器（非贵重金属所制，也非镀有贵重金属的），梳子（画笔除外），制刷材料，清扫用具，钢丝绒，未加工或半加工玻璃（建筑用玻璃除外），不属别类的玻璃器皿，瓷器及陶器。

二十二、缆，绳，网，帐篷，遮篷，防水遮布，帆，袋（不属别类的），衬垫及填充料（橡胶或塑料除外），纺织用纤维原料。

二十三、纺织用纱、线。

二十四、布料和不属别类的纺织品，床单、桌布。

二十五、服装，鞋，帽。

二十六、花边及刺绣，饰带及编带，钮扣，领钩扣，饰针及缝针，假花。

二十七、地毯，地席，席类，油毡及其他铺地板用品，非纺织品墙帷。

二十八、娱乐品，玩具，不属别类的体育及运动用品，圣诞树用装饰。

二十九、肉，鱼，家禽及野味，肉汁，腌渍、干制及煮熟的水果和蔬菜，果冻，果酱，水果沙司，蛋，奶及乳制品，食用油和油脂。

三十、咖啡，茶，可可，糖，米，食用淀粉，西米，咖啡代用品，面粉及谷类制品，面包，糕点及糖果，冰制食品，蜂蜜，糖浆，鲜酵母，发酵粉，食盐，芥末，醋，沙司（调味品），调味用香料，饮用冰。

三十一、农业，园艺，林业产品及不属别类的谷物，牲畜，新鲜水果和蔬菜，种籽，草木及花卉，动物饲料，麦芽。

三十二、啤酒，矿泉水和汽水以及其他不含酒精的饮料，水果饮料及果汁，糖浆及其他供饮料用的制剂。

三十三、含酒精的饮料（啤酒除外）.

三十四、烟草，烟具，火柴。

三十五、广告，实业经营，实业管理及办公事务。

三十六、保险，金融事务，货币事务，不动产事务。

三十七、房屋建筑，修理，安装服务。

三十八、电信。

三十九、运输，商品包装和贮藏，旅行安排。

四十、材料处理。

四十一、教育，提供培训，娱乐，文体活动。

四十二、科学技术服务和与之相关的研究与设计服务，工业分析与研究，计算机硬件与软件的设计与开发。

四十三、提供食物和饮料服务，临时住宿。

四十四、医疗服务，兽医服务，人或动物的卫生和美容服务，农业、园艺和林业服务。

四十五、法律服务，由他人提供的为满足个人需要的私人和社会服务，为保护财产和人身安全的服务。

显然，熟记上述各项分类表的产品类别非常有利于商标代理人业务的开展，但因为数量庞大，记忆难度大。某论坛上有业内专业人员将上述四十五个类别的关键词进行提炼，总结成一个顺口溜，确实非常方便记忆，这个顺口溜如下："化学颜料洗油药，金属机器工电医，家电车船军宝乐，办公橡塑皮建家，家具绳缆线布服，缝纫毯席玩食物，生鲜饮料酒烟商，保险建筑通运修，教育设计餐美法。"

第一款所称的商品名称，是指《类似商品和服务区分表》中具体的商品名称和服务项目，这是注册商标专用权的核心组成部分。因此要求商标注册申请人在申请商标注册时，应严格按照《类似商品和服务区分表》中规范的商品名称或服务项目填写。任何不规范的填写都有可能面临着被商标局要求补正或者驳回的风险。如《商标法》第五十六规定，注册商标专用权以核准注册的商标和核定使用的商品为限，因此商品名称或服务项目决定了注册商标保护的范围。故在提出商标注册申请时，必须指明具体的商品名称和服务项目。如"手套"，因为它涉及的领域太多，涉及第九类的防事故用石棉手套、第十类的医用手套、第十七类的绝缘手套、第二十一类的家务手套、第二十五类的滑雪手套、第二十八类的保龄球手套等，所以手套商标注册属于哪类别要看需要商标注册保护的产品所对应的商品项目。诸如此类的情况还有"家用电器""皮制品"等。

第一款所称的提出商标注册申请，是指依据商标法的规定，通过向商标局提交商标注册申请书、商标图样、主体资格证明信息等文件提出商标注册申请。根据商标局官网中关于提出商标注册申请的要求可知，提出商标注册申请还应当注意以下事项：（1）以颜色组合或者着色图样申请商标注册的，应当提交主色图样，并提交黑白稿1份，不指定颜色的，应当提交黑白图样；且商标图样应当清晰，图样的长和宽应当控制在不大于10厘米，不小于5厘米；除应当在申请书中进行声明外，还应根据需要说明商标的使用方式。（2）以三维标志申请商标注册的，除应当在申请书中予以声明外，还须说明商标的使用方式，应当提交至少包含三面视图的能够确定三维形状的图样。（3）以声音标志申请商标注册的，应当在申请书中予以声明，提交符合要求的声音样本，并对声音商标进行描述，应当以五线谱或者简谱对申请用作商标的声音加以描述并附加文字说明，无法以五线谱或者简谱描述的，应当加以文字描述，商标描述与声音样本应当一致。（4）申请注册集体商标、证明商标的，应当在申请书中予以声明，并提交主体资格证明文件和使用管理规则。（5）商标为外文或包含外文的，应当说明含义。（6）商标注册申请需要委托商标代理机构的，还应当提交授权委托证明文件等。

　　第二款所称的可以在一份申请中就多个类别的商品申请注册同一商标，是指在提出商标注册申请时，可以将多个类别商品填写在一份申请书中，而不需要每注册一个类别就填写一份申请书。第二款属于2013年《商标法》修改时新增加的内容，在2013年《商标法》修改以前，将一个商标注册在多个类别上，需要按照"一标一类"分开填写商标注册申请书。2013年《商标法》修改后，允许在一份申请中就多个类别商品申请注册同一商标，确实大大减少了商标注册申请人的工作量，而且大幅提升了行政机关的工作效率。

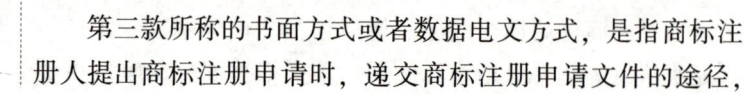

　　第三款所称的书面方式或者数据电文方式，是指商标注册人提出商标注册申请时，递交商标注册申请文件的途径，

即可以通过书面方式或者数据电文方式递交。所谓的书面方式，是指将商标注册申请的文件通过邮寄的方式或者当面递交的方式递交至商标局；所谓的数据电文方式，是指商标注册申请人或者商标代理机构按照商标局的要求，办理相关手续并申领商标数字证书，通过商标网上服务系统在线提交商标注册申请文件的方式，办理商标注册申请以及其他商标事项，详细的操作方式及具体要求可以参阅《商标注册网上申请暂行规定》。

第二十三条　另行申请

【第二十三条】注册商标需要在核定使用范围之外的商品上取得商标专用权的，应当另行提出注册申请。

本条是关于商标注册另行申请的规定。

本条所称的核定使用范围，是指经核准注册的商标注册文件中列明的商品名称和服务项目。《商标法》第二十二条第二款规定了同一商标可以在不同类别上申请商标注册，但依据《商标法》第五十六条的规定，商标注册人只能在核定的商品类别和范围上取得注册商标专用权，也就是说在非核定的商品类别和范围上是不享有商标专用权的。为此，本条规定，需要在核定的商品类别和范围之外取得商标专用权的，应当另行提出申请。例如，《类似服务和商品区分表》的第四十五类为法律服务，包括由他人提供的为满足个人需要的私人和社会服务，为保护财产和人身安全的服务等。例如，如果申请人在法律服务范围上申请注册了"昆成"商标，那么该申请人就只能在法律服务上享有商标专用权；如果需要在其他类别的商品上取得专用权，应当另行提出申请。

本条所称的取得商标专用权，是指经商标局核准注册后，依据《商标法》第五十六条的规定，在核定商品上以核准注册的商标所享有的专有使用权。

本条所称的另行提出申请，是指应当依据《商标法》第二十二条第一款的规定，向商标局提交商标注册申请材料，提出商标注册申请；国内申请人可以委托商标代理机构办理；

外国人或外国企业应当委托依法设立的商标代理机构办理。

需要特别注意的是,从本条使用的"核定"二字可知,提出申请的商标注册申请人提出申请的商标应当已经在其他类别上被核准注册。因此,本条特别指明的应当是核准注册以后,需要再行提出商标注册申请的情形。那么已经提出注册申请但被核准注册以前的商标注册申请人需要在其他类别上申请注册商标的是否适用该条的规定呢?或者是否也属于另行提出申请的范畴呢?对此问题,本条以及《商标法实施条例》和司法解释并没有给出明确的答案,从《商标法》第二十二条第二款的规定可以看出,同一商标需要在不同类别的商品上申请商标注册的,可以在一份申请中提出,因此,商标已经在一个类别的商品上提出了商标注册申请,需要以同一商标在其他类别上申请注册的,无论前一个商标是否被核准注册,后一个提出注册申请的商标应当都属于另行申请的范畴。

实践中,自然人、法人或者其他组织在申请商标注册时因考虑不周全或者缺乏商标战略布局的思维,通常只是在其当前经营的产品类别上注册了商标,随着经营规模越来越大,跨品类经营的需求越来越强烈,更为重要的是注册商标随着使用年限加长,注册商标的知名度日渐显著,作为识别商品来源的作用越来越明显,被他人抢注的可能性越来越大,故即便商标注册人暂时还没有跨品类生产经营的需要,但避免注册商标在其他商品类别上被抢注也显得尤为迫切。另外,即便已经注册的商标还没有达到知名或者驰名的程度,但在保护知识产权呼声越来越高的大环境下,提前对商标进行战略布局也是具有相当重要的现实意义的。现实中有相当数量的商标注册申请人对于申请商标的目的还不十分了解,有些是为了跟风,看别人申请了商标,自己就要申请;有些是为了更好地开展经营活动，如在京东商城、天猫商城等开展经营活动的，京东商城等官方都要求经营者提供商标注册证或者受理通知书之类的。在这些情况下，商标注册申请人才去申请商标，同时在申请时又为了节省费用不愿意在其他类别上注册，殊不知核准注册的商标只有在核定使用的商品上使用才符合商标法的规定，故需要在核定类别外的商品上使用的，只能另行提出申请。

第二十四条　重新注册

【第二十四条】注册商标需要改变其标志的，应当重新提出注册申请。

本条是关于重新注册的规定。

本条所称的标志，是指区分商品和服务来源的商业标识，该标志应当是属于商标法意义上具有商标功能的标志。根据《商标法》第八条的规定，组成该标志的要素包括文字、图形、字母、数字、颜色组合、三维标志、声音以及上述要素的组合。

商标的功能是通过商标的使用来区分商品和服务的来源，故商标在使用过程中，使用人有义务保证商标的一致性，不能随意进行修改。也就是说，合法的商标使用人实际使用的标志本身应当与商标局核准注册的商标一致。若变更了标志或者将商标的局部进行变更，就会直接影响消费者对商品和服务的识别和选择。另外，商标注册申请人改变原来的标志，实际上等同于放弃了原注册商标的使用。使用改变后的标志，需要让消费者重新选择和认识，且不能作为注册商标使用，不能标注注册标记或者注册商标。重要的是改变后的标志作为商标使用时，其不具有《商标法》第五十六条规定的商标专用权，若需要重新取得商标专用权，就必须申请商标注册。实践中擅自改变注册商标标志的现象也是普遍存在的，如自然人、法人或者其他组织在获得商标注册后，对于已经核准注册的商标需要进行重新优化，或者重新进行产品战略布局，因此需要进行注册商标变更等。

本条所称的改变其标志，是指商标注册人对原来已经注册的商标标志进行了添加或者删除某些要素，导致改变后的标志与原来的注册商标不一致，发生了实质性变更。

　　本条所称的注册商标，是指经商标局核准注册的商标。

　　本条所称的重新提出注册申请，是指依据《商标法》第二十二条第一款及第二款的规定，以一个新的商标提出商标注册申请，重新提交商标注册申请书、商标图样、主体资格证明信息；委托商标代理机构的，还应当提交授权委托书等。

　　从本条字面意思来看，本条特别指明的是商标核准注册以后，重新提出注册申请的情形，那么对于已经提出注册申请但被核准注册以前的商标注册申请人需要改变标志的，是否也适用该条规定呢？对此问题，本条并没有给出明确的答案，但从《商标法》第二十二条的分析来看，这应当属于重新提出申请的范畴，也就是说只要在提出商标注册申请后，又需要改变标志的，都属于需要重新提出申请的范畴。

第二十五条　外国优先权

【第二十五条】商标注册申请人自其商标在外国第一次提出商标注册申请之日起六个月内，又在中国就相同商品以同一商标提出商标注册申请的，依照该外国同中国签订的协议或者共同参加的国际条约，或者按照相互承认优先权的原则，可以享有优先权。

依照前款要求优先权的，应当在提出商标注册申请的时候提出书面声明，并且在三个月内提交第一次提出的商标注册申请文件的副本；未提出书面声明或者逾期未提交商标注册申请文件副本的，视为未要求优先权。

本条是关于商标注册外国优先权的规定。

本条所称的优先权，是指商标注册申请人以某一个商标在外国提出的正式申请为基础，在一定期间内该申请人在中国提出商标注册申请的，以其第一次在外国提出商标注册申请的日期作为在我国获得商标保护的时间起点。

优先权原则源自《巴黎公约》，目的是便于缔约国国民在其本国商标申请后向其他缔约国提出申请。《巴黎公约》中所谓优先权，是指申请人在一个缔约国第一次提出申请后，可以在一定期限内就同一商标向其他缔约国申请保护，其在后申请在某些方面被视为是在第一次申请的申请日提出的。从国际上看，绝大多数国家的商标法都采用先申请原则，且各国商标法都规定了注册商标专用权的取得都不得损害他人现有的在先权利等。如果申请人想要在几个国家内获得商标专用权的保护，就应当同时在这些国家提出注册申请，否则有可能被他人抢先注册。同时，提出商标注册申请的难度在实际中还是很大的，即便是通过《马德里协定》也是难以做到同时注册的，故优先权原则的制定为缔约国的国民在其他缔约国提出商标注册申请以及获得商标保护提供了时间上的保障和极大的便利。

　　本条第一款所称的依照该外国同中国签订的协议或者共同参加的国际条约，或者按照相互承认优先权的原则，是指要求优先权的前提条件，即依照该外国同中国签订的协议或者共同参加的国际条约以及是否相互承认优先权的规定进行。所谓签订的协议或者共同参加的国际条约，是指《巴黎公约》和《马德里协定》。按照《巴黎公约》第四条的规定，保护工业产权联盟内任何人或其权利继承人，已经在某一《巴黎公约》成员国正式提出商标注册申请的，在第一次申请后六个月内在中国就同一商标在相同商品上提出商标注册申请，可以享有优先权。所谓相互承认优先权，是指一种优先权的对等原则，即对方国家对我国前去申请注册的商标，给予承认优先权的，我国也要同样承认优先权；如果对方国家不给予承认优先权的，我国也要同样不给予承认优先权。需要特别说明的是，在《巴黎公约》中所规定的优先权适用于商品商标，并不适用于服务商标，但是成员国可以自由决定是否给予服务商标优先权。

　　第一款所称的六个月，是指要求优先权的期间，从该商标注册申请人自其商标在国外第一次提出商标注册申请之日起算，该期间为不变期间，不因任何事由中止、中断或者延长，商标注册申请人只有在该期间内在我国提出商标注册申请，才有可能享有优先权。按照《巴黎公约》的规定，商标申请优先权的期限是六个月，作为其成员国，我国商标法关于优先权期限的规定与《巴黎公约》一致。

第一款所称的又在中国就相同商品上以同一商标申请商标注册申请，是指要求优先权的基础条件。作为优先权基础的在先商标申请与在我国提出的商标注册申请必须是就相同商品以同一商标提出商标注册申请的，也就是说商标注册申请人在外国提出的商标注册申请与在我国提出的商标注册申请是基于相同商品并以同一商标提出的。所谓相同商品，是基于《类似商品与服务区分表》中关于商品和服务的分类进行划分的；所谓同一商标，是指在先提出申请的商标与在后提出申请的商标一样，没有任何改变。

第一款所称的提出书面声明和提出在先申请文件副本，是指要求优先权时，应当履行的程序和提交的文件等。所谓提出书面声明，是指在提交商标注册申请书时，在要求优先权的声明一栏中勾选基于第一次申请的优先权，并按照要求填写有关事项，如第一次申请的国家或者地区、申请日期及申请号。所谓在先申请文件副本，是指商标注册申请人第一次提出商标注册申请的文件，申请文件至少包括商标注册请求书、商标图样等。该在先申请文件副本应当经该外国受理机关证明。申请文件是外文的，商标局认为必要时可以要求申请人在指定的期限内提交中文译文。

第二款所称的三个月，是指提出在先申请文件副本的期间，该期间是从商标注册申请人提出商标注册申请之日起算，该期间仍为不变期间，不因任何事由中止、中断或者延长，商标注册申请人只有在该期间内提交在先申请文件副本，才可能享有优先权。

第二款所称的视为未要求优先权，是指未依照本条规定提出书面声明且逾期提交在先申请文件副本的法律后果。未提出书面声明既包括未提出的情形，也包括虽然提出但未写明首次申请的申请号、申请日及其受理国家的情形。应当注意的是，根据本条规定，优先权要求必须在申请的同时提出，未提出要求优先权的书面声明的，其后果是视为未要求优先权。所谓逾期提交在先申请文件副本，是指商标注册申请人未能在提出商标注册申请之日起三个月内提交在先申请文件部分，其法律后果是视为未要求优先权。

第二十六条　展会优先权

【第二十六条】商标在中国政府主办的或者承认的国际展览会展出的商品上首次使用的，自该商品展出之日起六个月内，该商标的注册申请人可以享有优先权。

依照前款要求优先权的，应当在提出商标注册申请的时候提出书面声明，并且在三个月内提交展出其商品的展览会名称、在展出商品上使用该商标的证据、展出日期等证明文件；未提出书面声明或者逾期未提交证明文件的，视为未要求优先权。

本条是关于商标注册展会优先权的规定。

展会优先权是对商标在国际展览会中给予的临时保护，是《巴黎公约》的一项基本要求，我国作为成员国，理应将这一规定在我国商标法中进行落实。

本条第一款所称的该商标注册人要求优先权的，可以享有优先权，是指要求展会优先权的条件，只有当商标注册申请人在申请时，提出请求优先权的书面声明，才可以享有优先权；相反，如果申请人未提出要求优先权的书面声明，视为其不要求优先权或者放弃优先权。这里涉及一个时间问题，即申请日，若申请人要求优先权，那么申请日就提前到在中国政府主办或者承认的国际展览会展出的商品上首次使用之日；如果不要求优先权，那么申请日则为商标注册申请人实际提出商标注册申请之日。

第一款所称的商标在中国政府主办或者承认的国际展览

会上展出的商品上首次使用,是指要求展会优先权的基础条件,本条规定要求展会优先权的商标,应当在我国主办或者承认的国际展览会上展出的商品上使用过,并且是首次使用。所谓国际展览会,是指展出的展品除了举办国的展品以外,还必须有来自外国的产品。其到底需要具备什么样的规模和级别等,本条以及《巴黎公约》均没有进行明确说明,只表明是官方的或者经官方承认的国际展览会即可,对此各国可以自行解释。中国政府主办的国际展览会,包括国务院、各部委主办或者国务院批准由其他机关或者地方政府举办的国际展览会。中国政府承认的国际展览会包括一定级别的由外国举办的国际展览会。

第一款所称的六个月,是指要求优先权的期间,该期间应当从在中国政府主办或者承认的国际展览会上展出的商品上首次使用之日起算。商标注册申请人要求优先权的,应当在该六个月的期间内提出,否则就有可能不享有该优先权。

第二款所称的提出书面声明和证据材料,是指要求展会优先权时需要办理的程序及提交的文件。所谓提出书面声明,是指在提交商标注册申请书时,在要求优先权的声明一栏中勾选基于第一次申请的优先权,并按照要求填写有关事项,提出书面声明是要求获得优先权的一项必要程序。所谓的证据材料,是指展出该商品的展览会名称、展出时间以及商标在该展出商品首次使用的证明。展出该商品的展览会名称是指展览会的全称,并应当由展览会的主办部门出具证明文件;展出时间是指该展览会开始展出的时间,而不是结束时间;商标在该展出商品首次使用的证明是指能够证明商标在该商品上首次使用的证明文件和材料。

第二款所称的三个月,是指提出展出该商品的展览会名称、展出时间以及商标在该展出商品首次使用的证明材料的期间，该期间是从商标注册申请人提出商标注册申请之日起算，该期间仍为不变期间，不因任何事由中止、中断或者延长，商标注册申请人在该期间内提交相关证据材料，才可能享有优先权。

第二款所称的视为未要求优先权，是指未依照本条规定提出书面声明且逾期提交证据材料的法律后果。根据本条规定，优先权要求必须在申请的同时提出；未提出要求优先权的书面声明的，其后果是视为未要求优先权。所谓逾期提交证据材料，是指商标注册申请人未能在提出商标注册申请之日起三个月内提交证据材料，或者提交的证据材料不齐全以及不符合法律规定，其法律后果均为视为未要求优先权。

第二十七条 申请商标注册的行为规则

【第二十七条】为申请商标注册所申报的事项和所提供的材料应当真实、准确、完整。

本条是关于申请商标注册所必须遵循行为规则的规定。

本条所称的申请商标注册所申报的事项,是指依据《商标法》第二十二条的规定、《商品和服务区分表》规定的商标用于的商品类别和使用范围以及商标注册申请书的内容填写各项内容。这些材料和申报的事项是提出商标注册申请的基础性文件和资料,商标局将依据商标注册申请人提交的资料进行审查。这些材料决定着商标局是否作出受理或者驳回申请决定以及核准注册的最终结果,因此所提供的材料和所申报的事项必须符合商标法规定的要求。

本条所称的申请商标注册所提供的材料,是指商标注册申请书、商标代理委托书、身份证明文件、在先申请文件副本以及要求优先权的其他证明文件等。身份证明文件是指如法人或者其他组织申请商标注册时,应当提供其身份证明材料,如营业执照复印件;若是自然人申请商标注册的,应当提供公民身份证复印件。要求优先权的还应当依据《商标法》第二十五条及第二十六条提供第一次提出商标注册的申请文件副本;商标在中国政府主办或者承认的国际展览会上首次使用的,还应当提交在展出商品上使用商标的证据、展览会名称、展出日期等证明文件。

本条所称的真实,从广义上说,即要求与客观事实相符合,准确反映客观事物的本来面貌;反过来说就是不得弄虚作假，不得伪造、变造；结合到商标申请当中是指商标申请书件应当真实。

本条所称的准确，从广义上说，是指按照规定的标准，行动的结果完全符合实际或者预期。结合到商标申请当中是指申请书件中申报的内容应按照规定，填写要准确，如申请人名义、地址与其营业执照或者身份证记载的信息一致；商品名称或者服务项目和类别应该与《商品和服务区分表》中载明的代码和名称一致。

本条所称的完整，从广义上说，是指按照规定的内容无缺损，无遗漏。具体到商标注册申请当中是指申请书信息填写完整，并提供有效的身份证明文件即营业执照或者身份证、商标图样和应当缴纳的费用，委托代理机构的还应当提供委托书等委托资料；要求优先权的，除在申请时提出书面声明外，还应当提供第一次提出的商标申请文件的副本和证明商标在展览会上展出商品上首次使用的证明材料和展出日期等。

本条从表面上看，只是针对申请商标注册所提出的要求，并没有对诸如变更申请、转让、许可等事项提出要求。那么诸如变更、转让、许可等事项是否可以不遵守该条的要求呢？答案显示是否定的。真实、准确、完整不仅是申请商标注册的基本要求，办理其他商标事项时也应当遵守这一要求，这也是商标法对于商标注册申请人遵守诚实信用原则的基本要求。近年来，违反诚实信用原则、弄虚作假、伪造证件、欺骗商标注册机关、危害他人合法权益的事件屡屡发生。商标法作出这一原则规定，不但要求商标注册申请人在商标申请时遵守该要求，在商标异议、撤销、无效等程序中也要求当事人遵守，一旦发现违反本条规定的，可以依法取消这些因违反诚实信用原则所取得的非法权利或者利益。

第三章
商标注册的审查和核准

第二十八条 初步审查

【第二十八条】对申请注册的商标,商标局应当自收到商标注册申请文件之日起九个月内审查完毕,符合本法有关规定的,予以初步审定公告。

本条是关于商标注册的初步审查的规定。

本条所称的九个月,是指商标局审查商标申请文件的期间,即商标局应当自收到商标注册申请文件之日起九个月内审查完毕。将审查期间限定在九个月内,是2013年《商标法》修改时新增加的内容,也是首次将审查期间以法律的形式进行规定。

2016年7月24日工商总局《关于大力推进商标注册便利化改革的意见》中进一步明确将"以党的十八大和十八届二中、三中、四中、五中全会精神为指导……以实现商标注册便利化为主线,以拓展商标申请渠道、简化商标注册手续、优化商标注册流程、完善商标审查机制、加强商标信用监管为手段,进一步方便申请人申请注册商标,提高商标审查效率,提升商标公共服务水平。"通过设立京外审查协作中心和推行网上申请进一步缩短受理和审查时限，进一步完善审查机制，提高审查效率，进一步缩短受理通知书的发放时间，缩短初步审查时限。

2017年11月14日工商总局《关于深化商标注册便利化改革 切实提高商标注册效率的意见》中再次明确，"按照党中央、国务院决策部署，围绕深入实施商标品牌战略，深化商标注册便利化改革，完善商标审查体制机制，聚焦国际领先水平，促进商标审查质量和效率全面提升，有效应对商标注册申请量高速增长的态势，进一步缩短商标审查业务周期。在2017年底实现商标注册申请受理通知书发放时间由3个月压缩到2个月、商标注册审查周期由9个月压缩到8个月的基础上，2018年底前实现以下目标：商标注册申请受理通知书发放时间由2个月压缩到1个月，商标注册审查周期由8个月压缩到6个月，商标转让审查周期由6个月压缩到4个月，商标变更、续展审查周期由3个月压缩到2个月，商标检索盲期由3个月压缩到2个月"。

2018年3月20日，工商总局办公厅关于印发《商标注册便利化改革三年攻坚计划（2018—2020年）》，其中再次强调，"认真梳理各项流程，缩短各环节的办理时间，依靠信息化切实提高审查效率。2018年4月1日前，商标变更审查周期由3个月缩短至1个月，年度商标注册审查周期由8个月缩短至6个月，赶超经合组织（OECD）成员国中实行在先权利审查国家的平均水平（7个月）；国际注册审查周期同步缩短至6个月；商标转让、续展审查周期压缩三分之一；撤销三年不使用、撤销注册商标成为通用名称审查周期由9个月缩短至8个月；驳回复审审理周期从8个月缩短至7个月；补发商标变更、转让、续展证明业务实现立等可取"。"至2020年，将商标申请（包括国际注册审查）审查周期缩短至 4 个月以内,赶超经合组织成员国平均水平 (4.5 个月); 商标转让、续展审查周期同步再压缩一半; 撤销三年不使用、撤销注册商标成为通用名称审查周期缩短至 6 个月; 补发商标注册证实现立等可取, 各审查协作中心均可办理; 商标异议、评审等各项业务审查、审理周期进一步缩短"。

上述规定无论是从法律层面还是从商标局实际操作的层面都给出明确、具体的操作规定和时限, 这对于商标注册申请和商标从业者来说都是一个很好的消息, 为我国商标注册申请和商标使用都奠定了很好的基础。

本条所称的符合本法规定, 是指商标注册申请的材料和申报的相关事项应当符合商标法的规定, 如应符合《商标法》第四条、第八条、第九条、第十条、第十一条、第十二条、第十三条第二款及第三款、第十五条、第十六条第一款、第十九条第四款、第三十条、第三十一条、第三十二条的规定。其中第四条规定了不以使用为目的的恶意商标注册申请, 应当予以驳回。商标审查过程中, 商标局的审查员将根据包括但不限于上述条款的规定对申请注册的商标进行审查, 若没有出现上述情形, 商标局即认为符合本法的规定, 作出初步审定的决定, 随后将会进入公告程序。

本条所称的公告, 是指在商标局对申请注册的商标经认真综合审查, 认为符合商标法的各项规定的, 将初步审定号、申请日期、商标使用的商品或者类别、申请人名义及地址等信息通过"商标公告"以及"中国商标网"对外发布。公告的信息中不仅包括异议期内的全部初步审定的商标, 还包括商标注册、续展、变更、转让、商标使用许可合同备案、无效、撤销以及送达等公告信息。公告的目的在于: 一是公开征求社会各方面的意见, 增加商标审查工作的透明度, 使任何单位和个人都可以依照商标法规, 对商标局审定的商标进行监督，以利于准确地核准商标注册；二是使在先的商标注册人、申请在先的申请人有维护其权益的机会，以避免和减少商标注册后可能发生的争议。

初步审定商标公告之日不是商标注册申请人取得注册商标专用权之日，公告本身并不是商标申请人取得其所申请注册的商标专用权的凭证，而是取得商标专用权的必经程序。依据《商标法》第三十三条的规定，初步审定公告之日起三个月内，任何单位和个人均可以依据商标法相关条款的规定，提出反对商标注册的意见。

第二十九条　说明或修正

【第二十九条】在审查过程中,商标局认为商标注册申请内容需要说明或者修正的,可以要求申请人做出说明或者修正。申请人未做出说明或者修正的,不影响商标局做出审查决定。

本条是关于商标注册申请过程中可能涉及的申请文件的说明或者修正的规定。

本条所称的需要修正和说明的,是指商标注册申请文件中存在属于非实质性缺陷的部分,可能存在不符合核准注册的条件,商标局有权要求申请人进行修正和作出说明。需要修正的部分,诸如主体身份信息资料是否完善,商标注册申请书的填写是否符合规定,商标图样大小是否符合规定的要求以及图样是否清晰,尤其是委托代理人的,委托人处应当手写签字而不是直接打印,商标注册申请人没有按照类别与《类似商品与服务区分表》填报商品类别与商标名称等,商标局可以要求申请人予以修正;需要说明的部分,诸如商标注册申请人提出商标注册申请的商品名称或者服务项目未列入商品和服务分类表的,应当附送对该商品或者服务的说明;或者需要商标注册申请人对于商标本身的组成以及部分含义作出说明的。书面说明不充分的,商标局还可以进一步要求申请人当面予以说明有关情况。依据本条的规定,出现上述缺陷时,应当给予申请人一个补正的机会。如依据《商标法实施条例》第二十三条的规定,若商标局认为需要补正或者说明的,申请人应当在收到通知之日起十五日内作出说明或者修正。商标法本身并没有对申请人作出修正或者说明的时限进行规定，但是商标法实施条例对于时间进行了规定。从商标法的角度来说，该时限的规定没有多少法律意义，仅是一种提倡性的规定，从本条的最后一句即可以看出，申请人未进行说明或修正的，不影响商标局作出审查决定，也就是对于是否进行修正或者说明没有强制力。

本条所称的不影响商标局作出审查决定，是指未进行说明或者修正的申请文件不符合商标法的规定，由商标局作出不予注册或者驳回的决定；或者虽然未进行说明或者修正的，但是也符合商标法的规定，或者虽有瑕疵，但是可以授予商标专用权，此时商标局根据商标法规定可能作出准予注册的决定。

实际上，商标注册申请文件中关于商标的说明是很有技术性的，这也是实务当中操作的难点，是判断商标是否可以通过审查的关键性因素。对于商标本身作出的说明势必会对商标本身的理解有限缩性的限制，有时恰是因为作出了限缩性的说明，审查员认为具有显著性并与他人的注册商标或者未注册商标不相同也不相近似，可以初步审定并公告；有时则是因为作出了限缩性的说明，在商标侵权过程中，却会出现与被控侵权商标不相同也不近似的情况。也就是说，对于商标本身作出的说明，虽然一定程度上会提高商标授权的概率，但是会对商标本身的构成以及含义造成一定程度的限制；相反，不作说明可能给予审查很大的想象空间，造成审查通不过的概率增加，最终导致商标被驳回。因此，是否对商标进行说明需要根据具体情况决定。例如，江苏昆成律师事务所在第四十五类上申请注册商标为"Ⓚ"，该商标是由"昆成"两字的拼音首字母"K"和"C"组合而成，提出商标注册申请时，并没有对此进行说明，后来商标局以商标主体部分"K"与他人在先的注册商标"K"相同为由予以驳回，后经过复审、行政诉讼等程序仍被认定为争议商标只有"K"，虽江苏昆成律师事务所在复审和行政诉讼中多次解释，争议商标"K"是由字母"K"和"C"组合而成的，并不是只有字母"K"，但是商标评审委员会以及北京知识产权法院均没有听取江苏昆成律师事务所的解释。由此可见，有时对于商标的组合进行说明也是很有必要的。

第三十条　驳回申请

【第三十条】申请注册的商标，凡不符合本法有关规定或者同他人在同一种商品或者类似商品上已经注册的或者初步审定的商标相同或者近似的，由商标局驳回申请，不予公告。

本条是关于申请注册的商标因不符合商标法的规定而被驳回的规定。

本条所称的不符合本法规定，是指出现了违反《商标法》第四条、第八条、第九条、第十条、第十一条、第十二条、第十三条第二款及第三款、第十五条、第十六条第一款、第十九条第四款、第三十一条、第三十二条等的情形。其中第四条规定了不以使用为目的的商标注册申请，应当予以驳回。第八条规定了商标的构成要素，即文字、图形、字母、数字、颜色组合、三维标志、声音以及上述要素的组合。第九条规定了商标的基本特征，即应当具有显著性，并便于识别。第十条规定了禁止作为商标使用的情形。第十一条规定了因缺乏显著特征，而不得作为商标注册的几种情形。第十二条规定了三维标志不得作为商标注册的情形。第十三条第二款和第三款规定了不得将他人驰名商标复制、摹仿、翻译后进行注册，并禁止使用。第十五条规定了未经授权时，将他人的商标以自己名义注册，不予注册并禁止使用。第十六条第一款规定了地理标志与商品产品不符时，商标局不予注册并禁止使用。第十九条规定了商标代理机构不得申请其他注册商标。第三十条规定了在相同或类似商品上申请注册的商标，初步审定并公告审定在先的。第三十一条规定了在相同或者类似商品申请注册相同或者类似商标的冲突解决机制。第三十二条规定了申请注册的商标不得侵害他人的在先权利并不得抢先注册他人在先使用并有一定影响力的商标。因此，若申请注册的商标的构成要素超出了《商标法》第八条规定的范围，可以认定为不符合本法规定，商标局是不予受理的。如江苏昆成律师事务所将"壹周壹议"申请在第四十五类上进行注册，商标局以不符合《商标法》第九条的规定而缺乏显著性予以驳回。由此可见，驳回申请的主要原因是申请注册的商标存在着实质性的缺陷，无法通过《商标法》第二十九条的补正或者进行说明而弥补这一缺陷。

　　本条所称的同一种商品，是指名称相同的商品，或者名称虽然不相同，但所指的商品是相同的商品。

　　本条所称的类似商品，是指商品的用途、功能、原料、销售场所、销售渠道、消费对象等类似，容易使消费者混淆出处。在商标注册、管理实践中，由商标审查员或者法官以《类似商品和服务区分表》的商品分类作为判断依据，但并不局限于《类似商品和服务区分表》中的分类，应当根据使用实际以及生活经验判断是否构成类似。

　　本条所称的商标相同，是指商标的构成要素完全相同或者基本相同，视觉上基本无差别。

　　本条所称的商标近似，是指商标在发音、含义、外形、图形构图、颜色等方面相近似。

　　本条所称的已经注册的商标，是指经过商标局核准注册，已经成为注册商标的商标，即符合商标法的规定，依据《商标法》第二十八条的规定经初步审定并公告，在公告之日起的三个月内未有任何依据《商标法》第三十三条的规定提出异议的，予以核准注册的商标。

本条所称的初步审定的商标，是指处在异议期间的商标，也即符合商标法的规定，依据《商标法》第二十八条的规定，经审查没有出现《商标法》第四条、第十条、第十一条、第十二条、第十三条第二款和第三款、第十五条、第十六条第一款、第十九条第四款、第三十一条、第三十二条的情形而通过初步审查并公告的商标。

无论是已经注册的商标还是初步审定的商标，都是已经经过商标局初步审查通过的商标，尤其是已初步审定的商标，异议期间内没有人提出异议的，极有可能被核准注册，此时若再允许在同一种商品或者类似商品上的相同或者近似的初步审定通过，就会冲击我国申请在先的商标注册制度。假设被核准注册，就会出现在同一种商品或者类似商品上有两个相同或者近似商标，就会造成消费者对商品和服务来源的误认，商标所具有的区别商品和服务来源的功能就无法实现，使用商标的意义就不存在了。为此，本条规定对这种情形的商标注册申请予以驳回，不予公告。

第三十一条 申请在先原则

【第三十一条】两个或者两个以上的商标注册申请人，在同一种商品或者类似商品上，以相同或者近似的商标申请注册的，初步审定并公告申请在先的商标；同一天申请的，初步审定并公告使用在先的商标，驳回其他人的申请，不予公告。

本条是关于商标注册申请在先原则的规定。

本条规定了相同或者近似商标在同一种或者类似商品上申请在先与使用在先的冲突解决机制。提出申请有先后顺序的，初步审定并公告申请在先的商标；同一天申请的，初步审定并公告使用在先的商标。该规定的目的在于避免在相同或者类似商品上授予相同或近似商标专用权，这也是商标所具有的区分商品和服务来源的使用功能所决定的。如果有两个或者两个以上的申请人以相同或者近似的商标申请在同一种商品或者类似商品上，若商标局均予以受理并准予注册，势必会造成混淆，作为普通消费者无法将两种商品区分开来，故从商标使用的目的本身出发，商标局只能受理一项申请。

本条所称的申请在先，是指在同一种商品或者类似商品上，出现两个或者两个以上的商标注册申请人以相同或者近似商标同时提出申请的，商标局受理在先提出的商标注册申请。申请在先原则只需将提出商标注册申请的日期作为审查依据，商标注册的申请日期以商标局收到申请文件的日期为准，通过邮政企业邮寄的，以寄出的邮戳日为准；邮戳日不清楚或者没有邮戳的，以商标局的实际收到日为准。通过邮政企业以外的快递企业递交的，以快递企业的收寄日为准，收寄日不明确的，以实际收到日为准。这样便于操作，减少争议。

本条所称的使用在先，是指为解决商标注册申请人同日在同一种商品或者类似商品上申请注册商标的的冲突，而以使用的先后顺序解决冲突机制的方式。使用在先原则可以保护最先使用商标的人，但是需要审查申请人最先使用商标的证明，实践当中存在一定的操作难度。另外，本条并没有解决实践中出现的如同一天提出申请但均未实际使用或者均未能提供有效的实际使用证据的解决方式，但是《商标法实施条例》第十九条给出了解决方案，即"两个或者两个以上的申请人，在同一种商品或者类似商品上，分别以相同或者近似的商标在同一天申请注册的，各申请人应当自收到商标局通知之日起30日内提交其申请注册前在先使用该商标的证据"，若各方均未实际使用或者均未能提交有效的在先使用的证据的或者同时使用的，"各申请人可以自收到商标局通知之日起30日内自行协商，并将书面协议报送商标局"；不愿协商或者协商不成的，可以由各方抽签确定，若经通知而未参加抽签的，视为放弃申请，公告另一方的申请；若各方均未参加抽签的，视为各方均放弃申请，由商标局书面通知未参加抽签的申请人。

从以上分析可以看出，本条确立了我国商标注册申请的两个基本原则，即申请在先原则和使用在先原则。因此，我国商标申请以申请在先为主，使用在先为辅。也就是说，在商标注册申请中，只有在同一天申请的情况下，才考虑使用在先的问题。在此也要提醒需要将商标使用于其商品或者服务的自然人、法人或者非法人组织，在正式使用之前，应当向商标局提出注册申请，而后再投入使用。

第三十二条 保护在先权利与禁止抢先注册

【第三十二条】 申请商标注册不得损害他人现有的在先权利，也不得以不正当手段抢先注册他人已经使用并有一定影响的商标。

本条是关于保护在先权利和禁止抢先注册的规定。

本条是对在先权利和他人已经使用并具有一定影响力的商标的保护，主要保护的是在先权利和有一定影响力的未注册商标，这也是《民法总则》中关于诚实信用原则的体现，是商标注册制度的有效补充。

本条所称的在先权利，是指以商标注册申请人提出商标注册申请之日为时间界限，他人在此时间界限之前已经取得的权利，该时间界限是认定他人权利是否具有在先性的必要条件，如外观设计专利权、版权、商号权、姓名权及肖像权等。实践中有一些商标注册申请人通常将他人已经拥有的在先权利作为商标进行申请注册，这不仅侵害了他人的在先权利，也会给商标权利制度造成一些不必要的冲突。

本条所称的以不正当手段抢先注册，是指通过非法或者违反商业道德手段将他人已经使用，并在相关公众中已产生一定影响力的未注册商标抢先以自己的名义申请商标注册的情形。这是一种恶意注册行为，严重违反了商标法关于诚实信用的原则，扰乱了正常的商标注册管理秩序，对这种行为应当予以制止。

本条所称的已经使用并有一定影响力，是指商标注册申请人向商标局提出商标注册以前已经使用并在一定地域范围内为相关公众所知晓的未注册商标。所谓的有一定影响力，主要侧重于对有一定影响力的未注册商标的保护，但不是所有在先使用的未注册商标都可获得保护。我国现行商标制度是以保护注册商标为主，保护未注册商标为辅，因此未注册商标必须达到具有一定影响力方可获得保护。因为只有当未注册商标具备了一定的影响力，才可能达到能够使相关公众区分商品和服务的来源，才能产生阻止他人恶意抢先注册的效力，才可能受到商标法关于未注册商标的保护。但是实践中如何认定具备了一定的影响力是一个难点，也是一个主观性较强的问题。依据《商标法》第十四条第一款的规定，可以参照其关于驰名商标的认定标准，对于是否具有一定影响力进行综合认定，即应从相关公众对该商标的知晓程度，该商标使用的持续时间，实际使用人关于该商标的宣传持续的时间、程度及地理范围以及其他可以使商标产生一定影响的因素等方面进行认定。毕竟驰名商标与具有一定影响力在认定标准上存在一定差异，驰名商标的认定标准高，而认定是否具有一定影响力的标准则相对较低，但至少应当达到相关公众通过商标能够直接识别商品或者服务的程度，应当根据实际情况具体认定。如果是未注册商标，且并未形成一定的影响力，依据本条来看，其就不具备形成在先权利的保护条件，不会考虑未注册、未知名商标保护的问题。这正是体现了《商标法》第三十一条规定的申请在先原则。根据申请在先原则，如果想注册商标，就应当尽早向商标局提出注册申请。

  本条的核心目的在于对未注册并有一定影响力商标的保护，而已经使用是对未注册商标保护的一个基本前提，使用的地域范围原则上限于中国，但若有证据可以证明域外使用的影响力可以及于中国的相关公众的，也可以用来说明已经使用。要证明商标实际使用的表现形式应当严格依据《商标法》第四十八条的规定，即将商标使用于商品、包装、容器以及商品交易文书或者用于广告宣传、展览以及其他商业活动中，用来识别商品来源的行为。证明实际使用应当从使用的真实性、合法性、关联性等方面把握，实践中使用证据可以从合同、发票、送货单、广播、电视、电影、报纸、杂志、广告、网络媒体、户外、展览会、博览会等方面进行搜集。

第三十三条　异议程序和核准注册

【第三十三条】对初步审定公告的商标，自公告之日起三个月内，在先权利人、利害关系人认为违反本法第十三条第二款和第三款、第十五条、第十六条第一款、第三十条、第三十一条、第三十二条规定的，或者任何人认为违反本法第四条、第十条、第十一条、第十二条、第十九条第四款规定的，可以向商标局提出异议。公告期满无异议的，予以核准注册，发给商标注册证，并予公告。

本条是关于商标注册过程中的异议程序和核准注册的规定。

本条中"第四条""第十九条第四款"属于2019年《商标法》修改新增加的内容。

本条所称的初步审定公告的商标，是指商标局依据《商标法》第二十八条的规定经审查认为符合第四条、第八条、第九条、第十条、第十一条、第十二条、第十三条第二款和第三款、第十五条、第十六条第一款、第十九条第四款、第三十条、第三十一条、第三十二条规定的，即进行初步审定并公告，公告是在商标公告和中华商标网上进行公布的。

本条所称的自公告之日起三个月内，是指商标异议程序的公告期为三个月，起算时间点为初步审定公告之日，该期间也称为异议期间。在该期间内，在先权利人、利害关系人以及任何人可以对初步审定公告的商标提出异议。

本条所称的提出异议，是指社会公众对商标局初步审定予以公告的商标，认为其不符合商标法规定而提出反对注册的意见。提出商标异议的对象只能是初步审定公告的商标，对于未通过初步审定程序或者已经核准注册的商标是不能够通过本条提出异议的，对于已经注册的商标只能通过第四十四条、第四十五条请求无效宣告。对于初步审定的商标，商标局在商标公告以及中华商标网上进行公告，让社会公众对该初步审定的商标能够通过注册提出意见。

  本条所称的在先权利人、利害关系人以及任何人，是指提出商标异议申请的主体。因其所处法律地位不同，故其分别提出异议的法律依据不同。在先权利人、利害关系人依据的是《商标法》第十三条第二款和第三款、第十五条、第十六条第一款、第三十条、第三十一条、第三十二条的规定；任何人提出商标异议则依据的是《商标法》第四条、第十条、第十一条、第十二条、第十九条第四款的规定。本条所称的在先权利人，是指商标注册申请日前已经拥有相应权利的人。在先权利人在不同的条款中含义不同，其中《商标法》第十三条第二款、第三款的在先权利人是指未注册驰名商标和已注册驰名商标的在先使用人或者所有人；第十五条的在先权利人是指本条中的被代理人和被代表人；第十六条的在先权利人是指地理标志的所有人；第三十条的在先权利人是指已获准注册的商标注册人和已经初步审定公告的商标注册申请人；第三十一条的在先权利人是指提出商标注册申请的在先申请人；第三十二条的在先权利人是指在先使用并有一定影响的未注册商标使用人或者所有人以及人身权中的姓名权和肖像权，著作权，外观设计专利权，企业名称权，知名商品的特有名称、包装或装潢使用权，地理标志权，特殊标志权，奥林匹克标志权及世界博览会标志权等权利的所有人。本条所称的利害关系人，是指与在先权利人存在许可使用、合作、加盟等与在先权利存在直接或者间接关系的权利人。本条所称的任何人，不但包括在中国有经常居所的自然人、法人及非法人组织，也包括外国的自然人、法人及非法人组织。

在先权利人或者利害关系人提出商标异议时，须事先证明其为在先权利的所有人或者利害关系人，即《商标法》第十三条第二款和第三款的在先权利人须提出其注册商标和未注册商标的实际使用人或者注册人的证明材料；《商标法》第十五条的在先权利人应当提出其是被代理人和被代表人以及在先使用的证明材料等；《商标法》第十六条的在先权利人应当提出其为地理标志权利人的证明材料；《商标法》第三十条的在先权利人应当提出其为注册商标或者初步审定并公告商标权利人的证明材料；《商标法》三十一条的在先权利人应当提出其为在先提出商标注册或者在先使用商标的证明材料；《商标法》第三十二条的在先权利人应当提出在先使用以及拥有版权、企业名称权、外观设计专利权等在先权利的证明材料。

本条所称的期满未提出异议，是指在初步审定公告的三个月内，没有任何社会单位或者个人就该初步审定的商标提出反对注册的意见。虽然每一个初步审定的商标都要经过异议程序，但是并不是每个商标都会被提出异议。如果自初步审定公告之日起三个月内没有人对公告的商标提出异议，依照本条规定，商标局就应当对该商标予以核准注册，发给商标注册证，并进行公告。

本条所称的发给商标注册证并予公告，是指三个月公告期满没有任何单位或者个人提出异议的，商标局应当核准注册，并进行公告，商标注册申请人自公告之日起取得注册商标专用权。所谓商标注册证，是指商标注册人享有注册商标专用权的凭证，商标注册证登记事项应当与商标注册簿一致，记载不一致的，应当以商标注册簿为准。商标注册证遗失或者破损的，应当向商标局申请补发。伪造或者变造商标注册证的，应当依照刑法关于伪造、变造国家机关证件罪或者其他罪的规定，依法追究刑事责任。

　　基于本条的规定，对于任何初步审定公告的商标，都要经过异议程序。即商标局对初步审定的每一个商标，都要进行公告，征求社会公众对该商标注册的意见。异议程序是商标注册的必经程序。向商标局提出商标异议申请，应当在规定的期间内，即公告之日起三个月内提出，应当以书面形式进行。依据商标局官网发布的规定，提出商标异议申请，应当向商标局提交如下文件：（1）商标异议申请书，其中应当载明明确的请求和事实依据，并附送有关的证据材料等；（2）异议人的身份证明，以自然人身份提出的，应该提交身份证复印件，以法人或者非法人组织身份提出的，还应当提交营业执照复印件；（3）以在先权利人或利害关系人身份提出异议的还应当提交作为在先权利人或者利害关系人的证明；（4）委托商标代理机构的，还应提交委托书以及代理机构的证明文件等资料。商标异议申请未在规定时间内提出、申请主体不适格以及异议理由不符合《商标法》第三十三条规定或者无明确的异议理由和事实依据的，商标局不予受理。

第三十四条 驳回申请的救济程序

【第三十四条】对驳回申请、不予公告的商标,商标局应当书面通知商标注册申请人。商标注册申请人不服的,可以自收到通知之日起十五日内向商标评审委员会申请复审。商标评审委员会应当自收到申请之日起九个月内做出决定,并书面通知申请人。有特殊情况需要延长的,经国务院工商行政管理部门批准,可以延长三个月。当事人对商标评审委员会的决定不服的,可以自收到通知之日起三十日内向人民法院起诉。

本条是关于驳回申请的救济程序的规定。

本条所称的驳回申请、不予公告的商标,是指申请注册的商标违反了《商标法》第四条、第八条、第九条、第十条、第十一条、第十二条、第十三条第二款和第三款、第十五条、第十六条第一款、第十九条第四款、第三十条、第三十一条、第三十二条等的规定,不满足商标法规定的取得商标专用权的条件,由商标局作出驳回申请的决定。

本条所称的书面通知,是指商标局、商标评审委员会应当通过纸质形式或者数据电文方式等有形的表现所载内容的形式,将处理结果有效告知当事人,以便于当事人有效地知悉处理结果的内容,由当事人自行决定是否启动其他救济程序等。另外,通过书面形式通知当事人,也可以有效确定当事人实际收到时间。《商标法实施条例》第十条规定,商标局或商标评审委员会的各种文件可以通过邮寄、直接递交、数据电文或者其他方式送达当事人，其中特别明确了采用数据电文方式送达当事人的，应当事先经当事人同意。委托商标代理机构的，文件直接送达到商标代理机构就视为送达当事人。一般情况下，商标局或者商标评审委员会都是通过官方快递进行送达，以当事人收到的邮戳日的日期为当事人的实际收到日期；若邮戳日不清楚的，推定为文件发出之日起满十五日送达当事人。实践中，基本很少出现直接送达的情况，除非是当事人直接到商标局大厅接受文件。另外，若是当事人通知商标局或者商标评审委员会通过数据电文方式送达，自文件发出之日起满十五日推定为当事人收到该文件。另外，商标局或者商标评审委员会也可以通过公告的方式送达，公告期间为一个月，期满视为当事人收到，而无论其是否真实收到。

　　本条所称的十五日，是指商标注册申请人不服商标局驳回申请的决定，向商标评审委员会提起复审请求的期间。该期间为不变期间，不因任何事由中止、中断和延长。商标注册申请人不服商标局的决定，应当在该十五日期间内提出复审请求，超过该期间的，商标评审委员会可以不予受理。

　　本条所称的三十日，是指商标注册申请人不服商标评审委员会的复审决定，向人民法院提起诉讼的期间。该期间为不变期间，不因任何事由中止、中断和延长。商标注册申请人不服商标评审委员会的复审决定，应当在该三十日期间内提起诉讼请求，超过该期间的，人民法院可以不予受理。

　　本条所称的九个月，是指商标评审委员会作出复审决定的期间。商标评审委员会应当在收到复审请求之日起九个月内作出复审决定。这是2013年《商标法》新增加的内容，也是首次将商标评审委员会审查驳回申请的时限限制在九个月以内。但同时本条还规定商标评审委员会未在九个月内作出复审决定的，在特殊情况下，可以延长三个月，但是商标法并没有明确何为特殊情况，这给实践操作增加了诸多不确定性，有待于新修订的商标法实施条例进行明确。

本条主要规定的是商标注册过程中驳回申请的救济程序，是指商标注册申请人可以通过向商标评审委员会以及人民法院提出复审、起诉、上诉、再审等程序获得救济。即商标注册申请人不服商标局决定的，可以在法定期间内向商标评审委员会申请复审，商标注册申请人对商标评审委员会的复审决定不服的，可在法定期间内向人民法院起诉。

本条所称的向商标评审委员会申请复审，是指针对驳回申请、不予公告决定的行政救济程序，即商标注册申请人对商标局的驳回决定不服，可以自收到通知之日起十五日内通过向商标评审委员会申请复审进行救济。《商标法》第二条规定商标评审委员会具有处理商标争议的职能，商标评审委员会收到当事人的复审请求后，应当依据商标法及相关法律规定对复审请求、事实和理由，并结合商标局的驳回决定进行审查。商标评审委员会进行复审时，发现申请注册的商标有违反《商标法》第四条、第十条、第十一条、第十二条和第十九条第四款规定情形的，也可以依据上述条款作为驳回决定，必要时，作出复审决定前，商标评审委员会会给予申请人申辩的机会。

本条所称的向人民法院提出诉讼，是指驳回申请、不予公告决定的司法救济程序，即不服商标评审委员会的复审决定的，应当在收到商标评审委员会的决定之日起三十日内向人民法院提起诉讼。进入诉讼程序后，对于人民法院的判决，当事人不服的，可以在法定期间内提起上诉和申请再审等。当前，不服商标评审委员会的复审决定的，可以在法定期间内向北京知识产权法院提起诉讼，北京知识产权法院应当在六个月内作出判决,不服北京知识产权法院判决的,可以向北京市高级人民法院提起上诉。

前述所称的行政程序和司法程序,即一是向商标评审委员会申请复审,二是向人民法院提出诉讼,二者应是先后顺序,必须先申请复审,再启动诉讼程序,而不允许当事人直接跳过复审程序直接向人民法院起诉。这虽然不是劳动争议案件处理过程中的仲裁前置程序,但基于法律的规定,应当先提出复审请求。不服复审决定的,再在法定期间内提起诉讼。

第三十五条　商标异议的处理程序

【第三十五条】对初步审定公告的商标提出异议的，商标局应当听取异议人和被异议人陈述事实和理由，经调查核实后，自公告期满之日起十二个月内做出是否准予注册的决定，并书面通知异议人和被异议人。有特殊情况需要延长的，经国务院工商行政管理部门批准，可以延长六个月。

商标局做出准予注册决定的，发给商标注册证，并予公告。异议人不服的，可以依照本法第四十四条、第四十五条的规定向商标评审委员会请求宣告该注册商标无效。

商标局做出不予注册决定，被异议人不服的，可以自收到通知之日起十五日内向商标评审委员会申请复审。商标评审委员会应当自收到申请之日起十二个月内做出复审决定，并书面通知异议人和被异议人。有特殊情况需要延长的，经国务院工商行政管理部门批准，可以延长六个月。被异议人对商标评审委员会的决定不服的，可以自收到通知之日起三十日内向人民法院起诉。人民法院应当通知异议人作为第三人参加诉讼。

商标评审委员会在依照前款规定进行复审的过程中，所涉及的在先权利的确定必须以人民法院正在审理或者行政机关正在处理的另一案件的结果为依据的，可以中止审查。中止原因消除后，应当恢复审查程序。

本条是关于商标异议的处理程序的规定。

本条第一款所称的对初步审定的商标提出异议,是指依据《商标法》第三十三条的规定,自该商标初步审定公告之日起三个月内,任何人均可以就该商标的注册向商标局提出意见。《商标法》第三十三条规定的是提出异议的相关法律事由,本条则是提出异议后处理程序的规定。

第一款所称的陈述事实和理由,是指商标局在收到异议人提出的商标异议申请书后,及时将商标异议申请书转送被异议人,被异议人应当在收到异议材料副本之日起三十日内进行答辩;异议人和被异议人在提出异议申请书或者提交答辩书后需要补充相关证据材料的,应当在商标异议申请书或答辩书中事先予以声明,并自提交商标异议申请书或者答辩书之日起三个月内提交书面材料,逾期提出的,商标局则不予考虑。

第一款所称的十二个月,是指商标评审委员会对商标异议申请作出决定的法定期间,即商标评审委员会应当在公告期满之日起十二个月内,经调查核实后,作出审查决定。商标评审委员会未在十二个月内作出审查决定的,有特殊情况的,可以延长六个月。商标法并没有对何为特殊情况作出说明,有待于新修订的商标法实施条例进一步明确。

第一款所称的是否准予注册,是指商标局在收到商标异议申请书和答辩后,根据异议人和被异议人陈述的事实和理由,经审查后作出准予注册或者不准予注册的决定。

第二款所称的请求宣告该注册商标无效,是指异议人不服商标局准予注册决定的,不能向商标评审委员会请求复审,只能向商标评审委员会请求宣告无效。也就是说,商标局作出准予注册决定后,应当按照《商标法》第三十三条的规定,发给商标注册证,并公告。商标注册申请人自公告之日起取得商标专用权。本条设置的目的，是为避免不必要的拖延商标注册申请授权的时间。商标法对于商标局的审查决定规定了两种不同的救济方式，本条第二款规定对于商标局经过审查作出准予注册决定的，商标法并没有给予异议人向商标评审委员会请求复审的机会，而是规定被异议人只能依据《商标法》第四十四条、第四十五条的规定向商标评审委员会请求宣告该注册商标无效。本条第二款在一定程度缩短了注册商标授权的时间，2013年《商标法》修改之前，异议人不服商标局准予注册决定的，还可以向商标评审委员会请求复审；对于商标评审委员会的复审决定不服的，还可以启动司法程序，即还可能经过一审、二审、再审等诉讼，这无疑延长了商标注册申请人获得商标专用权的时间。

第三款所称的十五日，是指被异议人不服商标局不予注册的决定，向商标评审委员会提起复审请求的期间。该期间为不变期间，不因任何事由中止、中断和延长。被异议人不服商标局的决定，应当在该十五日期间内提出复审请求，超过该期间的，商标评审委员会可以不予受理。

第三款所称的十二个月，是指商标评审委员会对不予注册决定申请作出复审决定的法定期间，即商标评审委员会应当在收到复审申请之日起十二个月内，作出复审决定。商标评审委员会未在十二个月内作出审查决定的，有特殊情况的，可以延长六个月。商标法并没有对何为特殊情况作出说明，有待于新修订的商标法实施条例进一步明确。

第三款所称的三十日，是指被异议人不服商标评审委员会的复审决定，向人民法院提起诉讼的期间。该期间为不变期间，不因任何事由中止、中断和延长。被异议人不服商标评审委员会的复审决定，应当在该三十日期间内提起诉讼请求，超过该期间的，人民法院可以不予受理。

第三款所称的通知异议程序的对方当事人作为第三人参加诉讼，是指依据《中华人民共和国民事诉讼法》（简称《民事诉讼法》）第五十六条的规定，人民法院审查异议是否成立与该第三人有着法律上的利害关系，让第三人参加审理，不但有助于其充分发表意见，还有助于人民法院查明实施情况。为此，本条明确规定人民法院应当通知商标复审程序的对方当事人作为第三人参加诉讼。

第三款从条文表述来看，只是规定了商标评审委员会作出维持商标局不予注册决定的复审决定时，被异议人可以启动司法程序进行救济，但并没有给出若商标评审委员会作出维持商标局准予注册决定的复审决定时，异议人是否具有启动司法程序的权利。也就是说，此时异议人是根据本条第二款的规定，依据《商标法》第四十四条、第四十五条向商标评审委员会请求宣告该注册商标无效还是直接向人民法院提出诉讼，商标法对此没有明确规定。结合本条第二款旨在缩短注册商标授权时间的立法意图，应当可以认定，在商标评审委员会作出维持商标局准予注册决定的复审决定时，异议人没有启动司法程序的权利，而是应当依据《商标法》第四十四条、第四十五条的规定向商标评审委员会请求宣告该注册商标无效。同样的问题在进入司法程序后仍然会出现，无论是一审程序还是二审程序均可能出现判令商标局作出重新作出决定的判决，此时异议人是否具有上诉或者申请再审的权利，还是回到本条第二款规定的向商标评审委员会请求宣告该注册商标无效？现有的商标法以及商标法实施条例和相关的司法解释均没有给出明确的答案，有待于新修订的商标法实施条例以及司法解释来解决这个问题。

第四款所称的中止审查，是指人民法院正在审理或者行政机关正在处理的另一案件结果可能影响在先权利的确定，为慎重起见，可以中止审查。该款规定的是商标评审委员会在复审过程中的中止程序。从该款的表述来看，其使用的是"可以中止审查"，也就是说商标评审委员会中止审查程序并非必须进行。因此，只有商标评审委员会在复审查过程中，认为在先权利可能对复审结果产生实质性影响的情况下，才会考虑中止程序。关于中止审查，《民事诉讼法》第一百五十条第一款第（五）项也有类似的规定，即本案必须以另一案的审理结果为依据，而另一案尚未审结。如果不等待另一案件的审理结果而继续对本案进行审理，必然会在事实认定和适用法律上遇到难以逾越的障碍，甚至导致相互矛盾的裁判结果。

第四款所称的中止原因消除，是指人民法院正在审理案件或者行政机关正在处理案件的判决、裁定、决定等结果已出，或者是上述的判决、裁定、决定等结果虽未出，但是根据案件的综合考量，该结果对于复审决定没有任何影响，因此该款中的中止原因消除并非一定要等待人民法院审理案件或者行政机关处理案件的结果。中止原因消除后，应当及时恢复审查程序。须特别说明的是，中止审查的期间是不计入法定审查时限十二个月内的。

纵观本条中关于审查期限的规定，其旨在从法律的层面缩短异议程序的审查时限，即商标评审委员会应当在初步审定的商标三个月公告期满之日起十二个月内作出复审决定。但就本条规定的时间看，整个审查时限规定的时间仍然过长，从民事诉讼法的角度来看，简易程序为三个月的审理时限，普通程序为六个月的审理时限，本条却规定了十二个月的审查时限，且该期限的起算点是从三个月公告期满之日起算，并非从异议申请之日起算。即便如此，在特殊情况下，经上级主管部门批准，还可以延长六个月。实践当中，纵然商标主管部门也在设法提升审查效率,但是在当前商标业务量大、商标资源稀缺的大前提下,商标注册申请人或者其他利害关系人通过异议程序来维护自身权益或者通过异议程序来阻止其他商标注册申请人的商标获得专用权的方式必将成为大趋势,故从立法层面上进一步缩短审查时限显得尤为重要。

第三十六条　决定生效及权利取得时间

【第三十六条】法定期限届满，当事人对商标局做出的驳回申请决定、不予注册决定不申请复审或者对商标评审委员会做出的复审决定不向人民法院起诉的，驳回申请决定、不予注册决定或者复审决定生效。

经审查异议不成立而准予注册的商标，商标注册申请人取得商标专用权的时间自初步审定公告三个月期满之日起计算。自该商标公告期满之日起至准予注册决定做出前，对他人在同一种或者类似商品上使用与该商标相同或者近似的标志的行为不具有追溯力；但是，因该使用人的恶意给商标注册人造成的损失，应当给予赔偿。

本条是关于商标异议程序中所涉决定生效时间以及权利取得时间的规定。

本条第一款所称的法定期限，是指十五日和三十日。其中，十五日是当事人对商标局的驳回申请、裁定不服向商标评审委员会提出复审的法定期限；三十日是对商标评审委员会的裁定不服向人民法院起诉的法定期限。

第一款所称的法定期限届满，是指上述法定期间已过，当事人在上述法定期间内对商标局作出的裁定不申请复审，或者在法定期限内对商标评审委员会作出的裁定不向人民法院起诉的，其法律后果是商标局的裁定或者商标评审委员会的裁定生效。

第一款所称的驳回申请决定，是指商标注册申请不符合商标法关于商标注册的规定，商标局经审查后，作出的驳回申请的决定。

第一款所称的不予注册决定，是指对于初步审定并公告的商标，商标局采纳了社会公众提出的反对商标注册的意见，而作出的不准予注册的决定。

第二款所称的经审查异议不成立而准予注册的商标，是指商标局、商标评审委员会、人民法院对异议申请人的异议理由和被异议人的答辩理由综合审查后，认为异议人的异议理由没有任何事实和法律依据，而不予采信，并依据《商标法》第三十四条规定，准予核准注册的商标。所谓的异议不成立包括两种情况，一是商标局作出异议不成立的裁定，当事人在法定期限内未向商标评审委员会提出复审请求的；二是商标评审委员会作出异议不能成立的裁定，当事人在法定期限内未向人民法院起诉的。在异议不成立的情况下，由商标局作出准予注册的决定，并依据《商标法》第三十三条的规定发给商标注册证并予公告。相反，经审查异议成立，则作出不准予注册的决定。所谓异议成立，一是商标局经审查认定异议成立，二是商标局经审查认定异议不成立而经过复审或者司法程序最终被认定异议成立的情况。

第二款所称的商标专用权的时间自初审公告三个月期满之日起计算，是指经审查异议不能成立而核准注册的商标专用权的起算时间。依据《商标法》第三十三条的规定，三个月公告期满，没有社会公众提出异议的，应当核准注册，商标注册申请人自三个月公告期满之日取得商标专用权。但对于经过异议程序时，社会公众提出了反对注册的意见，最终经过审查异议不成立的，至少经过了商标评审委员会的复审程序、人民法院一审甚至二审的诉讼程序，还有可能经历再审程序等,整个复审环节以及诉讼环节从程序上来说都会花费相当多的时间,如果等到异议的决定或者判决生效后而准予被异议商标注册,必然会遇到如何确定商标的注册时间的问题,即是从公告期满之日起算还是从异议决定生效之日起算,这样必然会使商标注册申请人取得商标专用权的时间变得不确定了。因此非常有必要对于经过异议程序后,商标注册人取得商标专用权的时间进行明确。为此,该款规定经审查异议不成立,商标注册人取得商标专用权的时间自初步审定公告三个月期满之日起算。

本条第二款所称的不具有溯及力,是指自初步审定三个月公告期满之日起至给予在公告期满后准予注册决定作出前的期间,对于他人在同一种或者类似商品上使用与注册商标相同或者近似商标的行为,商标专用权不具有溯及既往的效力。依据本条第一款的规定,经审查异议不成立的,商标专用权的取得时间自三个月公告期满之日起算,因此该款实际上排除了商标专用权在上述期间内的权利使用。原因在于准予注册决定作出前,商标注册申请人毕竟还没有取得注册商标专用权,这跟我国商标法以保护注册商标为主,以保护非注册商标为辅的思路是相辅相成的。

本条第二款所称的使用人的恶意给商标注册人造成的损失,是指注册商标专用权虽对于上述期间没有溯及力,但并没有排除因该他人恶意使用而追究其法律责任的权利。恶意是一种不诚信的行为,但实践中要证明该他人是否属于恶意使用有一定的难度。

第三十七条 及时审查

【第三十七条】对商标注册申请和商标复审申请应当及时进行审查。

本条是关于商标主管部门对于商标注册及时审查的规定。

本条规定的目的在于督促商标局和商标评审委员会在商标注册申请和商标复审审查过程中提高审查效率,以充分保障商标注册申请人和其他当事人等的合法权益。

本条所称的商标注册申请,是指自然人、法人或者其他组织在生产经营过程需要取得商标专用权的,依照《类似商品和服务区分表》中的商品分类在商品注册申请书中填报所使用的商品类别及商品名称,向商标局提出商标注册申请。商标局主管全国的商标注册和管理工作,因此商标注册申请应当向商标局提出;商标局收到商标注册申请书后应当依据《商标法》第二十八条及本条的规定及时进行审查并作出相应的决定。

本条所称的商标复审申请,是指依据《商标法》第三十四条、第三十六条、第四十四条、第四十五条、第五十四条的规定,商标注册申请人对驳回申请、不予公告的决定不服而向商标评审委员会提出复审请求,或被异议人不服商标局不予注册的决定而向商标评审委员会提出复审请求,或是当事人对商标局依据《商标法》第四条、第十条、第十一条、第十二条以及第十六条第一款的规定作出宣告注册商标无效的决定不服而向商标评审委员会提出复审请求,或是当事人对商标局撤销或者不予撤销的决定不服而向商标评审委会提出复审请求。

本条从表述上看,对商标注册申请和商标复审申请应当及时进行审查,而没有提到商标异议程序和商标无效程序的及时审查。商标注册异议程序属于商标注册申请程序的一部分,因此本条提到的商标注册申请不但包括了正常商标注册申请程序本身,也包括了商标注册申请过程中可能出现的商标异议程序。且商标变更程序、商标转让程序、商标使用许可程序等均属于商标注册申请程序的一部分,但是商标法及商标法实施条例均没有规定相应的完成时间。《商标法》第四十五条规定的商标无效宣告程序单从程序本身来看与商标复审还存在一定差异。从《商标法》第三十四条、第三十五条、第四十四条第二款、第五十四条的规定可知,可以提出复审申请的主要情况是指,一是商标注册申请人对驳回申请、不予公告的决定不服而向商标评审委员会申请复审,二是被异议人不服商标局不予注册的决定而向商标评审委员会申请复审,三是当事人对商标局依据《商标法》第四条、第十条、第十一条、第十二条以及第十九条第四款的规定作出宣告注册商标无效的决定不服而向商标评审委员会申请复审,四是当事人对商标局撤销或者不予撤销的决定不服而向商标评审委员会申请复审。由此可见,整个商标法条文除第四十四条第二款外均没有提及无效程序,那么《商标法》第四十四条第三款以及四十五条中的无效程序是否包含在本条关于及时审查的规定中呢?本条虽没有明确,但从商标法的整个逻辑来看,只要属于商标法范围涉及的程序均应当依据本条的规定及时、高效地进行审查,并及时通知当事人。

第三十八条 更 正

【第三十八条】商标注册申请人或者注册人发现商标申请文件或者注册文件有明显错误的，可以申请更正。商标局依法在其职权范围内作出更正，并通知当事人。

前款所称更正错误不涉及商标申请文件或者注册文件的实质性内容。

本条是关于商标注册申请人或者注册人对商标申请文件或者注册文件中有明显错误的非实质性内容提出更正的规定。

本条第一款所称的商标注册申请人，是指依据《商标法》第四条、第五条、第二十二条的规定向商标局提出商标注册的自然人、法人或者其他组织。

第一款所称的注册人，是指依据《商标法》第二十八条、第三十三条、第三十五条经商标局审查并初步审定公告期满未提出异议或者虽提出异议，但商标局、商标评审委员会、人民法院经审查、审理最终作出准予注册决定从而获得商标专用权的自然人、法人或者其他组织。

本条所称的更正，是指对于商标注册申请文件以及注册文件中的非实质性错误进行修正。根据本条的规定，提出更正的主体有两种，一是商标注册申请人和商标注册人，商标注册申请人可以在整个商标注册申请过程中提出更正申请，而商标注册人是在商标被核准注册以后提出更正申请。二是商标局，商标局作为主管全国商标注册和管理工作的机关，可以主动更正非实质性错误，也可以根据商标注册申请人和商标注册人的申请进行更正非实质性错误。

第一款所称的商标注册文件,是指商标注册申请人在进行商标注册过程中提出的各种文件,包括商标注册申请书、身份主体信息证明文件、商标图样等。

第一款所称的注册文件,是指商标注册证和商标登记簿。

第一款所称的错误,是指涉及商标注册申请文件或者注册文件的非实质性错误,如名称登记错误、地址信息登记错误以及笔误等。不涉及商标实质性内容,如对商标构成要素进行调整、重新排列或者更换其中的要素等,实际上就变成了另外一个新的商标,那么就需要依据《商标法》第二十四条的规定,商标注册申请人或者注册人需要变更注册商标的,应当重新提出申请。新申请的商标是否能够被审查通过,还需要商标局依据《商标法》第四条、第十条、第十一条、第十二条、第十三条第二款和第三款、第十五条、第十六条第一款、第十九条第四款、第三十条、第三十一条、第三十二条等相关规定进行审查;符合规定的,则由商标局依据《商标法》第二十八条、第三十三条、第三十五条的规定准予注册并进行公告。故涉及实质性缺陷的问题是无法通过更正消除的,只能通过重新申请的方式进行。

通过纸质形式向商标局办理更正申请的,应当根据商标局的要求以及商标局官网信息提交文件。通过电子申请的方式办理更正手续的,还应当按照电子申请的相关规定办理。

依据《商标法》第七十二条的规定,办理更正事项应当缴纳费用,收费标准是按照类别收费。如果是委托商标代理机构办理的,申请人应向商标代理机构缴纳变更规费和代理费,商标局收取的变更规费从该商标代理机构的预付款中扣除。

第四章
注册商标的续展、变更、转让和使用许可

第三十九条 注册商标专用权期限

【第三十九条】注册商标的有效期为十年,自核准注册之日起计算。

本条是关于注册商标专用权有效期限的规定。

《商标法》第四条规定,自然人、法人或者其他组织在生产经营过程中需要取得商标专用权,应当向商标局申请商标注册;商标经审查后符合商标法规定的,核准注册并公告,商标注册申请人自公告之日起取得商标专用权。这与同为知识产权的著作权有着天然的不同,著作权的取得不需向行政部门提出申请并进行登记,只要作品产生即可获得著作权。商标权具有地域性、时间性、专用性,本条仅涉及商标专用权的时间性。

本条所称的注册商标专用权,是指商标注册人的核准商标在核定商品上所享有的专有使用权。《商标法》第五十六条规定,注册商标专用权是以核定使用的商品和核准注册的商标为限,也就是说,核准注册的商标只能在其选定的商品类别和对应的商品上使用,商标注册人也只能在核定使用的

商品上享有专用权，无权禁止他人在核定使用商品以外的商品上使用与其注册商标相同或者近似商标的行为，这与同为知识产权的专利权恰恰相反，因专利权是一种排斥权，专利权的权利范围是以权利要求书的内容为准，权利要求书描述的是权利保护范围，专利权人享有的权利是这个范围以外的部分，专利权人无权禁止他人使用落在这个范围内的权利。

本条所称的十年，是指注册商标享有专用权的期限，根据《TRIPS协定》第十八条的规定，成员国对于注册商标的保护期限，包括商标的首期注册及续展注册的有效期都不得少于七年。我国作为成员国，应遵守该协议的规定，因此，我国商标法明确规定商标专用权的期限为十年。商标权的时间性是指经核准注册的商标，未出现被撤销、无效、注销等法定情形时，可以在法定期间内受到法律保护。这一法定期间又称为注册商标的保护期、有效期。有效期届满后，注册商标专用权人可以依照《商标法》第四十条的规定依法办理续展注册手续。续展注册手续通过后，商标注册人可以继续使用该商标。这与专利权截然不同，专利法规定的专利权保护期届满后，专利权就终止了，原专利权人就不再享有相应的权利。

本条所称的核准注册之日，是指注册商标专用权的起算之日，依据《商标法》第三十三条的规定，初步审定公告的商标，公告期满未提出异议，予以核准注册，发放商标注册证，因此公告期满之日，就是核准注册之日，商标注册申请人自该日起取得商标专用权。若在公告期间内提出异议，在经过行政程序或者诉讼程序后，异议不成立的，依据《商标法》第三十五条的规定，商标注册申请人取得商标专用权的时间仍为三个月公告期满之日。

第四十条 商标续展

【第四十条】注册商标有效期满,需要继续使用的,商标注册人应当在期满前十二个月内按照规定办理续展手续;在此期间未能办理的,可以给予六个月的宽展期。每次续展注册的有效期为十年,自该商标上一届有效期满次日起计算。期满未办理续展手续的,注销其注册商标。

商标局应当对续展注册的商标予以公告。

本条是关于注册商标续展注册的规定。

本条所称的注册商标有效期满,是指十年期限届满的情形。商标经商标局核准注册后,经长期使用,且在正常使用过程中没有出现无效、被撤销或者被注销等法定情形,从核准注册之日起满十年即为有效期届满。

本条所称的十二个月和六个月,是指办理续展注册的期间,也就是说商标注册人在注册商标专用权期限届满后,需要继续使用的,应当在期限届满前十二个月内或者期满后六个月内办理续展注册手续,否则就有可能丧失该注册商标专用权。本条是关于先续展后使用的法律规定,即如本条所述,应当在期限届满前十二个月内提出续展注册申请。未在期满前提出的,可以在期满后六个月内提出续展注册申请,这是提出续展注册申请的最后期限,且还需要缴纳滞纳金;若在该期限内仍未办理的,则可能面临着失去该注册商标的法律后果。

本条所称的续展注册的有效期为十年,是指提出续展注册申请并经核准后，商标注册人再次获得商标专用权的期限为十年，该十年的期间是从上一届有效期满的次日起算。由此可见，商标注册人通过不断的续展注册，可以永久性的获得该注册商标专用权。

本条所称的注销其注册商标，是指商标注册人未在法定期间内办理续展注册手续，导致其商标专用权丧失的法律后果。也就是说，逾期办理商标续展注册申请的，商标注册人有可能失去该注册商标专用权。

本条所称的商标局应当对续展注册的商标进行公告，是指续展注册申请经商标局核准后，商标局应当将该续展的商标进行公告，并发布在商标公告以及中华商标网上，让社会公众及时知悉该商标续展注册通过的事宜。续展注册申请的目的是让已经取得注册商标专用权的注册商标继续有效。

依据《商标法》第十八条的规定，申请办理商标注册续展手续，可以自行办理，也可以委托依法设立的商标代理机构办理，外国人或者外国企业应当委托依法设立的商标代理机构办理。通过纸质形式办理续展注册手续的，应当根据商标局的要求以及商标官网的相关信息提交文件。通过电子申请的方式办理续展注册手续的，还应当按照电子申请的相关规定办理。

根据《商标法》第三十六条第二款的规定，被异议的商标经裁定异议不能成立而核准注册的，商标注册申请人取得商标专用权的时间自初审公告三个月期满之日起计算。因此，尚处在异议、不予注册复审、不予注册复审诉讼中的商标，已到商标续展期的，可以在有效期期满前十二个月内申请续展；在此期间未能提出申请的，可以给予六个月的宽展期。商标局将根据异议、不予注册复审或诉讼的最终结果决定是否核准续展。如商标最终被不予核准注册，商标局将对续展申请不予核准，申请费用可申请办理退还。

商标续展注册申请经核准后，商标局发给申请人续展证明。如果续展注册申请文件需要补正的，商标局给申请人发出补正通知，要求申请人限期补正。申请人未在规定期限内按要求补正的，商标局有权对续展申请不予核准。续展申请被不予核准的，商标局发出不予核准通知书。

依据《商标法》第七十二条的规定，办理续展注册手续应当缴纳费用，收费标准是按照类别收费。如果是委托商标代理机构办理的，申请人应向商标代理机构缴纳变更规费和代理费，商标局收取的变更规费从该商标代理机构的预付款中扣除。

第四十一条 商标变更

【第四十一条】注册商标需要变更注册人的名义、地址或者其他注册事项的,应当提出变更申请。

本条是关于注册商标变更的规定。

本条所称的变更注册人的名义、地址或者其他注册事项,是指经核准注册的商标,商标注册人的姓名、名称、地址或其他注册事项因各种客观情况发生变化的,应当向商标局申请办理相应变更手续。从本条的文字表述上看,主要是关于已注册商标的注册人名义、地址或者其他注册事项变更的规定。该规定是否适用于已提出注册申请但尚未被商标局核准注册的商标的变更申请呢?答案是肯定的,已申请但尚未批准注册的商标,在申请过程中出现商标注册申请人的名义、地址甚至代理人等事项发生变更的,均可以向商标局提出变更申请,即申请人有两个时间段可以变更商标注册的相关信息,一个是在申请期间内提出变更申请,另一个是在该商标核准注册以后直接向商标局提出变更申请。

变更商标注册人名义或地址的,依据《商标法实施条例》第三十条的规定,商标注册人应将其全部注册商标一并变更。对于需要一并变更的注册商标,申请人不再使用的,可办理注销。如果变更申请需要补正/改正的,商标局将发出补正/改正通知书,通知申请人限期补正/改正。申请人未在规定期限内按要求补正的,商标局有权将变更申请视为放弃或不予核准。注册商标变更申请核准后,商标局将发给申请人变更证明。变更申请被视为放弃或不予核准的,商标局将发出视为放弃通知书或不予核准通知书。共有商标的变更申请核准后，变更证明仅发给代表人。申请人以纸件方式直接办理的，商标局将相应文书按照申请书上填写的地址，以邮寄方式送达给申请人；委托商标代理机构办理的，送达给该代理机构。变更商标代理人仅指申请人提交注册申请后，针对其注册申请的代理人申请变更。商标核准注册后，申请变更代理人即失去意义。如需代中国港澳台地区、外国注册人接受后续被动发生的案件（如连续三年停止使用撤销案件、撤销成为通用名称注册商标案件、无效宣告案件）的有关文书，应该办理有关变更文件接收人申请。变更连续三年不使用撤销、异议、不予注册复审、驳回注册复审、无效宣告等案件中的代理人的，须直接向该案件审理部门直接提交变更代理人申请。

　　本条所称的应当提出变更申请，是指应当依据商标法及相关规定向商标局提出书面的申请文件。

　　通过纸质形式提出变更申请的，应当根据商标局的要求以及商标局官网信息提交文件。

　　通过电子申请的方式办理变更手续的，还应当按照电子申请的相关规定办理。

　　依据《商标法》第七十二条的规定，注册商标变更应当按照规定缴纳费用，收费标准是按照类别收费。如果是委托商标代理机构办理的，申请人应向商标代理机构缴纳变更规费和代理费，商标局收取的变更规费从该商标代理机构的预付款中扣除。

第四十二条　商标转让

【第四十二条】转让注册商标的，转让人和受让人应当签订转让协议，并共同向商标局提出申请。受让人应当保证使用该注册商标的商品质量。

转让注册商标的，商标注册人对其在同一种商品上注册的近似的商标，或者在类似商品上注册的相同或者近似的商标，应当一并转让。

对容易导致混淆或者有其他不良影响的转让，商标局不予核准，书面通知申请人并说明理由。

转让注册商标经核准后，予以公告。受让人自公告之日起享有商标专用权。

本条是关于注册商标转让的规定。

本条第一款所称的转让注册商标的，是指注册商标所有权人在法律允许的范围内，将其对注册商标的占有、使用、收益、处分权转移给他人所有，转让注册商标的法律后果是转让后的商标所有人不再是原注册人。这与《商标法》第四十一条规定的变更注册人名义不同，变更注册人名义仅仅是指注册人的姓名或者名称发生变更，商标注册的主体本身并没有发生改变，仍是由其占有、使用、收益、处分。

第一款所称的转让人和受让人，是指商标转让的主体，其中转让人是指转出商标专用权的自然人、法人或者其他组织，受让人是指接受商标专用权的自然人、法人或者其他组织。并不是任何人都可成为受让的主体，受让人必须符合《商标法》第四条规定的"自然人、法人或者其他组织"。单纯的自然人是不能成为受让的主体的，这与单纯的自然人不能成为商标申请的主体一样，他们必须满足一定的条件。

第一款所称的转让协议，是指转让人与受让人应当就注册商标转让事宜达成一致的协议。是否必须签订书面的转让协议，该款没有明确规定，实践中也没有实质性要求。依据《中华人民共和国合同法》（简称《合同法》）第十条的规定，订立合同可以采用书面形式、口头形式或者其他形式，也就是说，转让协议并不必须采用书面形式。另外，转让时向商标局提交的资料中，并不要求提交转让协议，也不要求将转让协议进行备案。从明确转让协议约定内容，充分维护各方当事人权益的角度出发，建议转让人与受让人签订书面的转让协议，必要的话，还可以通过公证的方式，对转让协议的内容进行公证，以免后续产生不必要的争议。

第一款所称的共同提出申请，是指转让人与受让人就商标转让事宜达成一致后，应当以共同申请人的身份向商标局提出转让申请。

第一款所称的受让人应当保证受让该注册商标的商品质量，是指受让人受让该注册商标后，依据《商标法》第七条的规定，使用商标时应当遵守诚实信用原则，且应当对使用该商标的商品质量负责。因此，该款规定受让人应对使用该商标的商品质量负责，至少应当确保该商品的质量不低于原商标人提供的商品的质量。商标使用的目的是识别商品和服务的来源。现实生活中，相关消费者均是通过商标来寻找自己需求的商品，该商标已经让消费者产生了信赖，如果使用该商标的商品质量粗制滥造，以假乱真必将损害消费者的合法权益，因此有必要规定受让人应当对使用该商标的商品质量负责。

第二款所称的一并转让，是指转让人在转让注册商标的同时，应当将在同一种商品上的近似商标或者在类似商品上的相同或者近似商标一同转让，这是一种强制性规定，目的是防止混淆，这也是法律强制规定给予受让人的一种福利。依据《商标法》第三十条、第三十一条的规定，禁止在同一种或者类似商品上注册相同或者近似的商标，这里主要是指不同申请主体的情况。若允许商标注册人未将注册在同一商品上的近似商标或者类似商品上的相同或者近似商标一并转让，就会出现转让人和受让人持有相同或近似商标的商品同时出现在市场上时，非常容易使消费者产生混淆，无法体现商标的识别功能。

第三款所称的商标局不予核准，是指转让行为本身容易引起混淆或者其他不良影响的，商标局将作出不予核准的审查决定。如果注册商标的转让可能引起商品来源的混淆或商品质量的下降，或转让行为有损于第三人或公共利益等不良影响的，法律对此予以禁止。为此，本条第一款同时规定，受让人应当保证使用该注册商标的商品质量。使用注册商标，其商品粗制滥造、以次充好、欺骗消费者的，由各级工商行政管理部门根据不同情况予以处理，直至商标局撤销其注册商标。

第四款所称的受让人公告之日起取得商标专用权，是指在转让人与受让人提出转让申请后，由商标局进行审查，符合商标法规定的转让条件的，商标局予以核准，并按照规定进行公告，公告之日是受让人取得商标专用权的时间起点。由此可见，受让人取得商标专用权的时间不是转让协议签订之日。本款中转让协议成立与取得商标专用权属于两个不同的概念，依据《合同法》第四十四条的规定，依法成立的合同自成立时生效，就是说转让协议自双方签字或者盖章后就成立并生效，除非合同中约定了生效条件。但依据该款的规定，受让人并没有因此取得商标专用权，须经商标局审查通过后进行公告，公告之日受让人才取得商标专用权。

商标转让申请应当向商标局提出。通过纸质形式办理商标转让手续，应当根据商标局的要求以及商标局官网信息提交文件。通过电子申请的方式办理转让手续的，还应当按照电子申请的相关规定办理。

依据《商标法》第七十二条的规定，转让注册商标应当缴纳费用，收费标准是按照类别收费。如果是委托商标代理机构办理的，申请人应向商标代理机构缴纳变更规费和代理费，商标局收取的变更规费从该商标代理机构的预付款中扣除。

第四十三条　商标使用许可

【第四十三条】商标注册人可以通过签订商标使用许可合同，许可他人使用其注册商标。许可人应当监督被许可人使用其注册商标的商品质量。被许可人应当保证使用该注册商标的商品质量。

经许可使用他人注册商标的，必须在使用该注册商标的商品上标明被许可人的名称和商品产地。

许可他人使用其注册商标的，许可人应当将其商标使用许可报商标局备案，由商标局公告。商标使用许可未经备案不得对抗善意第三人。

本条是关于注册商标使用许可的规定。

本条第一款所称的使用许可合同，是指商标权人与他人经过协商一致，商标权人在不转移所有权的情况下给他人使用，由该他人支付一定费用的协议。商标使用许可制度是世界各国商标法中通行的制度，也是商标权人充分行使其商标所有权的表现方式。商标注册人依法行使许可权，有利于更好地发挥商标促进商品生产和流通的作用。

第一款所称的许可人和被许可人，是指商标使用许可的主体，其中许可人是指在不转移所有权的情况下允许他人使用的单位和个人，被许可人是指使用他人商标并支付一定费用的单位和个人。

商标使用许可不同于《商标法》第四十二条的商标的转让，商标的转让是将注册商标所有权转移给他人占有、使用、收益、处分，转移的结果是原商标所有人丧失了注册商标的所有权；而该条所称的商标使用许可是在不转移注册商标所有权的情况下将注册商标的部分权能允许他人使用，如使用、收益等权能。商标转让行为发生在使用许可期间的，之前已经生效的使用许可合同继续有效，除非使用许可合同另有约定。被许可使用人在取得许可使用人的特别授权的情况下，还可以将该商标再许可给他人使用。

使用许可合同的方式一般包括独占使用许可、排他使用许可和一般使用许可。独占使用许可是指商标注册人在约定的期间、地域和以约定的方式，将该注册商标仅许可一个被许可人使用，商标注册人依约定不得使用该注册商标。即许可人承诺在商标使用许可合同存续期间和区域内放弃自己依法享有的商标专用权，这种情况一般在比较密切的合作伙伴之间存在，在约定的期间、领域和区域，被许可人所享有的特定商标使用权与许可人所享有的商标专用权具有了同等的地位。排他使用许可形式是指商标注册人在约定的期间、地域和以约定的方式，将该注册商标仅许可一个被许可人使用，商标注册人依约定可以使用该注册商标但不得另行许可他人使用该注册商标，即在商标使用许可存续期间，除许可人自己依法使用被许可商标外，仅将被许可商标的使用权授予一家被许可人使用，不再将该商标许可给第二家。普通使用许可是指商标注册人在约定的期间、地域和以约定的方式，许可他人使用该注册商标，并可自行使用该注册商标和许可他人使用该注册商标，即不仅许可人自己可以使用该注册商标，也可以将被许可商标许可给多家使用。使用许可也可以分为完全使用许可和部分使用许可，前者是指被许可人可以在所有注册的商品上使用该商标，后者是指被许可人只能在部分注册商品上使用该商标。在涉及商标侵权诉讼时，不同的使用许可形式具有不同的诉权，具体为：独占许可使用人在无需征得商标注册人的情况下可以直接提起侵犯商标权诉讼；排他许可使用人在商标注册人不提起诉讼的情况下，可以提起诉讼或者在获得商标注册人的授权时可以提起诉讼；普通许可使用人则只有在获得商标注册人授权时才可以提起诉讼，否则无权就商标侵权事宜提起诉讼。

订立商标使用许可合同应遵循合同法的相关规定，依据诚实信用原则、公平原则、平等原则等确定各方的权利义务。依据《商标使用许可合同备案办法》并拟制商标使用许可合同示范文本，此类合同至少应包括以下内容：许可使用的商标及其注册证号；许可使用的商品范围；许可使用的期限；许可使用商标的标识提供方式；质量监督条款；在使用许可人注册商标的商品上标明被许可人的名称和商品产地的条款。

第一款所称的许可人应当监督被许可人使用该注册商标的商品质量以及被许可人应当保证使用该注册商标的商品质量，是指无论是许可人还被许可人都负有保证使用该商标的商品质量符合相应质量标准的义务，商标专用权人虽然把商标许可给被许可人使用，并不实际生产或者监管该商标所标识的产品，作为商标专用权人在收取了使用许可费后，其应当对该商标所标识的产品质量负责，这也是权利义务对等的体现。而被许可人作为商品的实际生产人理应对产品质量负责，应当确保所生产产品质量符合标准。

第二款所称的表明被许可人的名称和商品产地，是指被许可人应当在所生产的产品上注明被许可人的企业名称和实际的生产地，而不是许可人的名称和地址，这属于强制性规定，相关公众是根据商标识别商品来源的。对于相关公众来说，其认为标识该商标的商品是由许可人生产的，而实际上是由被许可人生产的，无疑会在实践中产生混淆误认，尤其是当许可人和被许可人生产同类产品时更加难以区分，故需要被许可人在产品上标明其实际产地和企业名称,以便于相关公众进行辨别。

第三款所称的将其商标使用许可报商标局备案,是指商标许可人应当将使用许可情况报商标局备案,未经备案的,不得对抗善意第三人。从该条款的表述来看,属于提倡性条款,即是否备案不做强制性规定,完全是由商标许可人自行决定。另外,如果进行备案,备案的申请主体是许可人,且应当在使用许可合同签订之日起三个月内进行备案。实践当中,关于商标使用许可的情况非常普遍,但实际进行使用许可备案的情况却不多见,按照《商标法》第六十三条的规定,使用许可合同中许可使用费可以作为侵犯注册商标专用权的赔偿损失的参考。但只签订了使用许可合同而没有进行备案,在实际诉讼中,不但合同的真实性难以得到认可,其中约定的许可使用费也难以得到法庭采信。

商标使用许可合同备案申请应当向商标局提出,通过纸质形式办理商标许可备案手续的,应当根据商标局的要求以及商标局官网信息提交文件。通过电子申请的方式办理许可备案手续的,还应当按照电子申请的相关规定办理。

依据《商标法》第七十二条的规定,办理注册商标许可备案手续应当缴纳费用,收费标准按类别收费。如果是委托商标代理机构办理的,申请人应向商标代理机构缴纳变更规费和代理费,商标局收取的变更规费从该商标代理机构的预付款中扣除。

第五章
注册商标的无效宣告

第四十四条　违反绝对事由的有效程序

【第四十四条】已经注册的商标，违反商标法第四条、第十条、第十一条、第十二条、第十九条第四款规定的，或者是以欺骗手段或者其他不正当手段取得注册的，由商标局宣告该注册商标无效；其他单位或者个人可以请求商标评审委员会宣告该注册商标无效。

商标局做出宣告注册商标无效的决定，应当书面通知当事人。当事人对商标局的决定不服的，可以自收到通知之日起十五日内向商标评审委员会申请复审。商标评审委员会应当自收到申请之日起九个月内做出决定，并书面通知当事人。有特殊情况需要延长的，经国务院工商行政管理部门批准，可以延长三个月。当事人对商标评审委员会的决定不服的，可以自收到通知之日起三十日内向人民法院起诉。

其他单位或者个人请求商标评审委员会宣告注册商标无效的，商标评审委员会收到申请后，应当书面通知有关当事人,并限期提出答辩。商标评审委员会应当在收到申请之日起九个月内做出维持注册商标或者宣告注册商标无效的裁定,并书面通知当事人。有特殊情况需要延长的,经国务院工商行政管理部门批准,可以延长三个月。当事人对商标评审委员会的裁定不服的,可以自收到通知之日起三十日内向人民法院起诉。人民法院应当通知商标裁定程序的对方当事人作为第三人参加诉讼。

本条是关于违反绝对注册事由无效程序的规定。

本条第一款中"第四条""第十九条第四款"属于2019年《商标法》修改新增加的内容,本条分别规定了绝对无效事由的法律依据,以及商标局作出无效决定和商标评审委员会作出维持注册商标或者宣告注册商标无效的裁定的程序。

第一款所称的已经注册的商标,是指请求宣告无效请求的对象,也就是说只能对已经注册的商标提出无效宣告请求,未申请注册或者尚未被核准注册的商标是不能成为无效宣告请求的对象。如未注册商标的使用违反《商标法》第十条规定的,依据《商标法》第五十二条的规定,由地方各级工商行政管理部门责令立即停止使用。尚未被核准注册的商标,出现了商标法规定的不得注册情形的,社会公众可以在异议程序中向商标局提出异议,或者由商标局直接驳回。

第一款所称的第四条、第十条、第十一条、第十二条、第十九条第四款,是指商标绝对无效的法律事由。《商标法》第四条第一款新增加的内容为"不以使用为目的的恶意商标注册申请,应当予以驳回",旨在强调商标使用的目的和鼓励注册商标的实际使用。以"不以使用为目的"为无效事由提出无效宣告请求是没有时间限制的,也就是只要该商标的注册不是以使用为目的均可以依照该条规定提出无效申请。第十条规定了商标禁止使用的标志，该条所列举的标志不仅不能作为商标注册，而且不能作为商标使用，主要是出于社会公共利益方面的考虑。第十一条规定了不得作为商标注册的情形，明确了商标应当具有显著性，但所列标志经过使用取得显著特征并便于识别的，可以作为商标进行注册。第十二条规定，"以三维标志申请注册商标的，仅由商品自身的性质产生的形态、为获得技术效果而需有的商品形状或者使商品具有实质性价值的形状，不得注册"。将第十九条第四款作为无效事由是此次商标法修改新增加的内容，该新增的无效事由彻底将商标代理机构是否可以以其他营业范围中的商品类别申请商标注册的争议直接解决，而且也让商标代理机构已经注册的商标找到了无效的依据。但是笔者认为，这并不能从根本上解决问题。按照目前商标法的规定，依法向商标局备案的单位均可以取得商标代理的资格，那么现实中作为有限公司的法人也有申请备案为商标代理机构的可能，其虽然没有从事商标代理业务，但其实是名义上的商标代理机构，那么其已经注册商标是否也要被宣告无效呢？这在实践中必将产生诸多的问题。

  第一款所称的欺骗手段，根据《商标法释义》第四十四条，是指申请人采取虚构、隐瞒事实真相，或者伪造有关文件等方式，取得商标注册的❶。比如伪造营业执照、涂改经营范围、编造有关虚假申请事项等。

  第一款所称的不正当手段，根据《商标法释义》第四十四条，是指申请人采取欺骗方式以外的其他不正当方法，如

---

❶ 商标法释义［EB/OL］.［2020-2-10］. http://www.npc.gov.cn/zgrdw/npc/flsyywd/minshang/2013-12/24/content_1819925.htm.

通过给经办人好处等方式，取得商标注册❶。

无论是欺骗手段还是不正当手段，都属于商标无效的绝对事由，这些行为违反了商标法和民法总则中的诚实信用原则，是法律所禁止的行为，为此商标法将其作为无效宣告的事由，且是作出绝对无效的兜底性事由。本条第一款同时规定当出现上述绝对无效的情形时，根据无效宣告的程序不同，提出无效宣告的主体也不同，可以由商标局宣告该注册商标无效，也可以由其他单位或者个人请求商标评审委员会宣告该注册商标无效。

第二款所称的十五日，是指当事人不服商标局决定，向商标评审委员会提出复审请求的法定期间。该期间为不变期间，不因任何事由中止、中断和延长。当事人应当在该十五日内提出复审请求，否则商标评审委员会不予受理。

第二款和第三款所称的三十日，是指当事人不服商标评审委员会裁定，向人民法院起诉的法定期间。该期间为不变期间，不因任何事由中止、中断和延长。当事人应当在该十五日内提出复审请求，否则人民法院不予受理。

第二款所称的九个月，是指商标评审委员会对当事人的复审请求作出复审决定的期间。也就是说商标评审委员会应当在收到复审请求之日起九个月内作出复审决定；如有特殊情况的，经有关主管部门批准，还可以延长三个月。

第二款和第三款所称的书面通知当事人，是指商标局或者商标评审委员会在作出决定或者裁定后，应当通过纸质形式或者数据电文方式等将决定或者裁定的结果告知当事人，以便于当事人第一时间知悉决定或者裁定的结果。

---

❶ 商标法释义［EB/OL］.［2020-2-10］. http://www.npc.gov.cn/zgrdw/npc/flsyywd/minshang/2013-12/24/content_1819925.htm.

第二款规定了商标局依职权宣告注册商标无效时当事人的行政救济程序和司法救济程序，即当事人不服商标局宣告商标无效的决定的，可以通过商标评审程序和行政诉讼程序进行救济；不服商标评审委员会的裁定的，还可以向人法院起诉；不服人民法院一审判决的，仍然可以通过启动上诉程度进行救济。当事人应当在法定期间内提出启动上述救济程序，否则就丧失了进一步救济的可能。

第三款所称的其他单位或者个人，是指依据本条第一款规定的事由，向商标评审委员会提出无效宣告请求的单位或个人。

第三款所称的答辩，是指商标注册人收到商标评审委员会转送的无效宣告请求书后，针对无效请求以及对应的事实与理由，所作出反驳对方无效请求的意见和事由。根据《商标法实施条例》的规定，商标注册人应当在一个月内进行答辩，但商标注册人是否进行答辩，商标法及其实施条例均未作强制性规定。因此，未进行答辩并不影响商标评审委员会进行审查并作出决定。作为法律赋予的一项权利，商标注册人一定要充分利用这一项权利，向商标评审委员会充分说明没有违反《商标法》第四条、第十条、第十一条、第十二条、第十九条第四款情形的事实与理由。

第三款所称的九个月，是指商标评审委员会对无效宣告请求作出裁定的法定期间，即商标评审委员会自收到无效宣告请求之日起九个月内作出裁定；有特殊情形的，经有关主管部门批准，还可以延长三个月。

第三款所称的第三人，是指商标裁定程序的对方当事人，其可能是商标注册人，也可能是无效宣告请求人。商标评审委员作出宣告无效决定的，第三人则为无效宣告请求人；商标评审委员会作出维持注册商标有效的，第三人则为商标注册人。为了保证法院在审理中能够全面了解情况，法院不仅应当听取商标评审委员会的陈述，还应当听取商标裁定中第三人的陈述。人民法院审查注册商标效力的判决与第三人有利害关系，为此本条明确规定人民法院应当通知商标裁定程序的对方当事人作为第三人参加诉讼。

第三款规定了无效宣告请求人和商标注册人不服商标评审委员会裁定的司法救济程序，即无效宣告请求人和商标注册人不服商标评审委员会的裁定的，可以向人法院起诉；不服人民法院一审判决的，仍然可以通过启动上诉程度进行救济。启动上述救济程序的，当事人应当在法定期间内提出，否则当事人就丧失了进一步救济的可能。

从本条的规定可以看出，无论是商标局依职权宣告注册商标无效还是其他单位或者个人请求商标评审委员会宣告注册商标无效均没有时间限制，商标法之所以作出如此规定，是认为只要出现《商标法》第四条、第十条、第十一条、第十二条、第十九条第四款情形，不但违反了商标法的规定，还损害了社会公共利益，对于净化商标市场环境，维护良好的商标秩序有特别重要的作用，故在此情况下，没有任何时间限制，只要发现不符合规定的情况，随时可以提出。

第四十五条　违反相对事由的无效程序

【第四十五条】已经注册的商标，违反本法第十三条第二款和第三款、第十五条、第十六条第一款、第三十条、第三十一条、第三十二条规定的，自商标注册之日起五年内，在先权利人或者利害关系人可以请求商标评审委员会宣告该注册商标无效。恶意注册的，驰名商标所有人不受五年的时间限制。

商标评审委员会收到宣告注册商标无效的申请后，应当书面通知有关当事人，并限期提出答辩。商标评审委员会应当自收到申请之日起十二个月内做出维持注册商标或者宣告注册商标无效的裁定，并书面通知当事人。有特殊情况需要延长的，经国务院工商行政管理部门批准，可以延长六个月。当事人对商标评审委员会的裁定不服的，可以自收到通知之日起三十日内向人民法院起诉。人民法院应当通知商标裁定程序的对方当事人作为第三人参加诉讼。

商标评审委员会在依照前款规定对无效宣告请求进行审查的过程中，涉及的在先权利的确定必须以人民法院正在审理或者行政部门正在处理的另一案件的结果为依据的，可以中止审查。中止原因消除后，应当恢复审查程序。

本条是关于违反相对注册事由无效程序的规定。
本条第一款所称的已经注册的商标，是指请求宣告无效请求的对象,也就是说只能就已经注册的商标向商标局提出无效宣告请求,尚未被核准注册的商标是不能成为无效宣告请求的对象的。尚未被核准注册的商标,出现了商标法规定的不得注册情形的,社会公众可以在异议程序中向商标局提出异议,或者由商标局直接驳回;在先权利人认为初步审定的商标与其在同一种或者类似商品上注册的商标相同或者相近似的,可以依据《商标法》第三十三条规定的事由提出异议。

第一款所称的《商标法》第十三条第二款和第三款、第十五条、第十六条第一款、第三十条、第三十一条、第三十二条,是指请求注册商标无效的相对事由。其中第十三条是关于禁止以复制、摹仿、翻译的方式,将与在同一种商品或者类似商品上未注册的驰名商标或者在不相同或者不相类似的商品上已经注册的驰名商标相同或者相近似的进行注册,并禁止使用。第十五条是关于未经授权,代理人或者代表人不得以自己的名义将被代理人或者被代表人的商标进行注册的规定。第十六条是不得在商标中违反规定使用地理标志的规定,即当商品并非来自该地理标志所标识的地区时,不得使用包含该地理标志的商标。第三十条是关于在同一种商品或者类似商品上申请注册的商标与已经核准注册或者初步申请公告的商标相同或者相近似的规定。第三十一条是关于两个以上的商标注册人在同一种商品或者类似商品上申请相同或者近似商标冲突解决机制的规定。第三十一条是关于申请商标注册时不得侵犯他人合法的在先权利的规定,如他人在先的外观设计专利权、肖像权、姓名权、著作权、字号权、原产地名称权等权利或以不正当手段抢先注册他人已经使用并有一定影响的商标的规定。请求人依据本条提出无效宣告请求的,必须依据本条规定的事由提出,否则商标评审委员会不予受理。

第一款所称的在先权利人或者利害关系人，是指提出无效宣告请求的主体。所谓在先权利人，是指在申请商标注册日之前，已经实际享有诸如著作权、外观设计专利权、企业名称权等相关权利的人；所谓利害关系人，是指注册商标的被许可使用人以及合法权利继承人等。

第一款所称的五年，是指在先权利人或者利害关系人请求宣告注册商标无效的法定期间。该法定期间是从该商标核准注册之日起算。超过该法定期间提出无效宣告请求的，商标评审委员会不再受理。核准注册期间不满五年的商标，都存在被在先权利人或者利害关系人提出无效宣告请求的风险。一般来讲，商标注册人经过五年的长期使用，投入了大量的宣传成本，注册商标可能取得一定的影响力，并可能在相关消费者当中产生了一定的辨识度，注册商标与其使用的商品产生一定的紧密联系，相关消费者对此产生了信赖。超过五年后再受理在先权利人或者利害关系人的无效申请，就会使注册商标长期处于不稳定状态，随时都有可能被无效的风险，商标注册人就不会投入大量的成本进行宣传和使用，这样就不利于商标使用目的的实现，打击商标注册人使用商标的积极性，也会打破原有稳定商标的使用秩序，对商标注册人造成很大的损害，不利于商标市场秩序的稳定。

第一款所称的恶意注册，是指商标注册人违反诚实信用原则，违反《商标法》第十三条第二款和第三款、第十五条、第十六条第一款、第三十条、第三十一条、第三十二条等明知他人在先权利存在，在未经其同意或者授权的情况下，提出商标注册的情形。恶意本身就是一种严重违反诚实信用原则的行为，为法律所禁止，因此将属于恶意注册的情形排除在五年的时间之外，也是在情理之中的。设置这样一个条件的目的是保护商标注册人的利益，而不是保护在先权利人，这一点正如侵权责任法的价值判断一样，从另一面来看，中华人民共和国侵权责任法实质上明确了哪些情况下不侵权，所以对于侵权设置了非常严格的认定条件。该款中，在先权利人或者利害关系人突破五年的时间限制，其需要证明商标注册人在提出商标注册时存在恶意。要证明恶意注册在实践中是有一定难度的，可以考虑从几个方面着手，如商标注册申请日前商标注册人是否知晓该驰名商标，是否与在先权利人存在代表或者代理关系，是否与在先权利人存在合同、业务等往来关系或者竞争关系，是否存在搭便车的故意等。

第二款所称的答辩，是指商标注册人收到商标评审委员会转送的无效宣告请求书后，针对无效请求以及对应的事实与理由，所作出反驳对方无效请求的意见和事由。根据商标法实施条例的规定，商标注册人应当在一个月进行答辩，但商标注册人是否进行答辩，商标法及其实施条例均未作强制性规定，因此未进行答辩并不影响商标评审委员会进行审查并作出决定。作为法律赋予的一项权利，商标注册人一定要充分利用这一项权利，向商标评审委员会充分说明不存在恶意注册或者违反《商标法》第十三条第二款和第三款、第十五条、第十六条第一款、第三十条、第三十一条、第三十二条等情形的事实与理由。

第二款所称的三十日，是指当事人不服商标评审委员会裁定，向人民法院起诉的法定期间。该期间为不变期间，不因任何事由中止、中断和延长。当事人应当该在十五日内提出复审请求，否则人民法院不予受理。

第二款所称的十二个月，是指商标评审委员会对当事人的无效宣告请求作出裁定的期间。也就是说商标评审委员会应当在收到无效宣告请求之日起十二个月内作出裁定，如有特殊情况的，经有关主管部门批准，还可以延长六个月。

第二款所称的书面通知当事人,是指商标评审委员会在作出裁定后,应当通过纸质形式或者数据电文等方式将裁定的结果告知当事人,以便于当事人第一时间知悉裁定的结果。

第二款所称的第三人,是指商标裁定程序的对方当事人,其可能是商标注册人,也可能是无效宣告请求人。商标评审委员会作出宣告无效决定的,第三人则为无效宣告请求人;商标评审委员会作出维持注册商标有效的,第三人则为商标注册人。为了保证法院在审理中能够全面了解情况,法院不仅应当听取商标评审委员会的陈述,还应当听取商标裁定中第三人的陈述,人民法院审查注册商标效力的判决与第三人有利害关系,为此本条明确规定人民法院应当通知商标裁定程序的对方当事人作为第三人参加诉讼。

第二款是关于商标评审委员会的审查程序和当事人司法救济程序的规定,即商标评审委员会在收到无效宣告申请后,应当将申请文件及时转送商标注册人,商标注册人应当在三十日内作出答辩意见,是否进行答辩并不影响商标评审委员会进行审查,并作出裁定。无效宣告请求人和商标注册人不服商标评审委员会的裁定的,可以向人民法院起诉;不服人民法院一审判决的,仍然可以通过启动上诉程序进行救济。启动上述救济程序的当事人应在法定期间内提出,否则当事人就丧失了进一步救济的机会。

第三款所称的中止审查,是指人民法院正在审理或者行政机关正在处理的另一案件的结果可能影响在先权利的确定,为慎重起见,可以中止审查。该款规定的是商标评审委员会在复审过程中的中止程序,从该款的表述来看,其使用的是可以中止审查,也就是说商标评审委员会中止审查程序并非必须进行。因此,只有商标评审委员会在复审审查过程中,认为在先权利可能对复审结果产生实质性影响的情况下,才会考虑中止程序。关于中止审查,《民事诉讼法》第一百五十条第一款第(五)项也有类似的规定,即本案必须以另一案的审理结果为依据,而另一案尚未审结;如果不等待另一案件的审理结果而继续对本案审理,必然会在认定事实和使用法律上遇到难以逾越的障碍,甚至导致相互矛盾的裁判结果。

　　第三款所称的中止原因消除,是指人民法院正在审理的案件或者行政机关正在处理的案件的判决、裁定、决定等结果已出,或者是上述的判决、裁定、决定等结果虽未出,但是根据对案件的综合考量,该结果对于复审决定没有任何影响,即该款中的中止原因消除并非一定要等人民法院审理的案件或者行政机关处理的案件的结果。中止原因消除后,应当及时恢复审查程序。须特别说明的是,中止审查的期间是不计入法定审查时限十二个月内的。

　　本条与《商标法》第四十四条最大的不同在于请求无效宣告的法律事由不同,提出无效宣告请求的主体不同。《商标法》第四十四条规定商标局或者其他单位和个人可以提出无效宣告申请,而《商标法》第四十五条规定可以提出无效宣告申请的仅为在先权利人或者利害关系人。原因在于《商标法》第四十四条规定的无效事由均是违反或损害社会公共利益或者破坏商标管理秩序的行为,由商标局宣告无效或者有社会大众参与进来更加有利于净化商标使用环境和维护良好的商标市场秩序;《商标法》第四十五条规定的无效事由则更多地涉及个体之间的民事权益,属于私权利,不涉及社会公共利益,故该个体是否提起请求宣告无效申请是其自我权利处分的行为,公权力以及其他人员无权进行干涉。所以本条并没有赋予商标局直接宣告无效的权利,而是交由在先权利人或者利害关系人根据实际需要决定是否请求商标评审委员会宣告该注册商标无效。

第四十六条　无效审查决定及裁定的生效

【第四十六条】法定期限届满，当事人对商标局宣告注册商标无效的决定不申请复审或者对商标评审委员会的复审决定、维持注册商标或者宣告注册商标无效的裁定不向人民法院起诉的，商标局的决定或者商标评审委员会的复审决定、裁定生效。

本条是关于无效决定及裁定生效的规定。

本条所称的法定期限，是指十五日和三十日，十五日是对商标局的决定向商标评审委员会提起复审的法定期间，以及不服一审人民法院提起上诉的法定期间；三十日是对商标评审委员会的复审决定以及维持注册商标或者宣告注册商标无效的裁定向人民法院提起诉讼的法定期间。从本条规定以及民事诉讼法的规定来看，对于二审法院的判决申请再审的期限并不是此处所指的法定期间，在我国二审终审的法制模式下，二审判决既生效，申请再审并不影响二审判决的法律效力。法定期限届满后，当事人就丧失了请求进一步救济的权利，相应的决定、裁定以及判决就发生法律效力。

本条所称商标局宣告注册商标无效的决定，是指商标局依职权为维护社会公共利益的需要将违反《商标法》第四条、第十条、第十一条、第十二条、第十九条第四款规定以及以欺骗手段或者其他补正当手段取得注册的商标宣告无效所作出的决定。

本条所称的复审决定是指商标评审委员会针对商标注册人对于商标局的决定不服提起复审后所作出的决定，可以是维持商标局的决定或者是撤销商标局的决定。

本条所称的维持注册商标或者宣告注册商标无效的裁定，是指商标评审委员会对无效宣告请求人的无效宣告请求经过审查后所作出的决定。该决定有两种情况，要么是维持注册商标，要么是宣告注册商标无效。

本条所称的不申请复审是指对于商标局的决定，商标注册人在法定期限内不向商标评审委员会申请复审。

本条所称的不向人民法院起诉是指对于商标评审委员会的复审决定，以及维持注册商标或者宣告注册商标无效的裁定，商标注册人或者无效宣告请求人在法定期限内不向人民法院起诉。

综上，《商标法》在第四十四条、第四十五条规定了当事人行使救济权利的期间，该期间为不变期间，不因任何特殊情况而延长或者中止。当事人未在该期间内行使法律赋予的救济权利时就丧失了救济的机会，那么对应的商标局的决定以及商标评审委员会的复审决定、裁定就发生法律效力了。

第四十七条　无效的法律效力

【第四十七条】依照本法第四十四条、第四十五条的规定宣告无效的注册商标，由商标局予以公告，该注册商标专用权视为自始即不存在。

宣告注册商标无效的决定或者裁定，对宣告无效前人民法院做出并已执行的商标侵权案件的判决、裁定、调解书和工商行政管理部门做出并已执行的商标侵权案件的处理决定以及已经履行的商标转让或者使用许可合同不具有追溯力。但是，因商标注册人的恶意给他人造成的损失，应当给予赔偿。

依照前款规定不返还商标侵权赔偿金、商标转让费、商标使用费，明显违反公平原则的，应当全部或者部分返还。

本条是关于商标无效的法律后果及相关问题处理的规定。人民法院和工商行政管理机关审判、处理商标侵权纠纷，责令被告承担侵权责任，都是以所涉的注册商标专用权有效为前提条件，并根据事实和证据作出判决、裁定、调解书以及处理决定等。无效宣告请求是对已经核准注册的商标提出，且可以在核准注册后五年内提出；对于恶意注册的，驰名商标的持有人可以随时提出。因此，有可能在判定侵权成立的判决、裁定、调解书或者处理决定执行完毕的很长时间之后，或者在使用许可合同或者商标专用权转让合同实际履行的很长时间之后，注册商标才被宣告无效。此外，即使在商标侵权纠纷中被告在答辩期或者诉讼期间提出了无效宣告请求，但因商标法以及司法解释并未规定请求商标评审委员会宣告该注册商标无效的，人民法院就一定要中止诉讼，故人民法院也不会因此中止审理，从而也可能导致法院认定侵权成立的判决执行以后，注册商标权又被宣告无效的情况。如果规定宣告注册商标无效的决定对侵权纠纷的判决、处理决定以及已经履行的商标使用许可合同和注册商标转让合同都具有追溯力，则原受让人、原被许可人、原侵权纠纷的被告或者被请求人需另外提起诉讼，要求原注册商标专用权人退还已获得的转让费、使用费和损害赔偿金，这不仅会使具有法律效力的判决、裁定等受到挑战，也增加了法院和行政管理机关处理侵权纠纷的难度，更会影响现有经济秩序的稳定。因此，明确商标无效的法律结果对已经生效且已经执行的判决、裁定、调解书以及行政机关的处理决定等不具有溯及力的法律意义非常重大。

本条第一款所称的自始即不存在，是指已被核准注册的商标因不符合《商标法》第四十四条、第四十五条的规定而不能被核准注册，因此被商标局或者商标评审委员会宣告无效后，商标专用权就应该失去效力，如同从未被核准注册一样。被宣告无效的注册商标，按照规定应当由商标局进行公告。注册商标被宣告无效后，原本请求履行或者申请执行的权利基础就不存在了，故人民法院就侵权行为作出的判决、裁定、调解书，以及管理专利工作的部门作出的专利侵权纠纷处理决定应当立即停止执行；尚未执行和正在履行的商标使用许可合同和商标转让合同也因注册商标无效而立即停止履行。

第二款所称的已执行的商标侵权案件的判决、裁定、调解书，是指赔偿义务人已经根据人民法院作出的判决、裁定、调解书，履行了其中的赔偿义务。

第二款所称的已执行的商标侵权案件的处理决定,是指赔偿义务人已经根据工商行政管理部门的处理决定,履行了处理决定中的赔偿义务。

第二款所称的已经履行的商标转让或者使用许可合同,是指商标注册人依据《商标法》第四十二条、第四十三条将其所有的商标专用权通过转让或者使用许可的方式交付给受让人或者被许可人占有或者使用,受让人及被许可人已经支付转让费及许可使用费的情形。

第二款所称的不具有溯及力,是指宣告注册商标无效的决定,对于该决定作出前,人民法院作出并已执行的商标侵权的判决、裁定、调解书和行政机关作出并已执行的商标侵权案件的处理决定以及已经履行的商标转让和使用许可合同具有朔及既往的效力。也就是宣告该注册商标无效的决定,一般情况下只具有面向未来的效力,对该商标无效宣告的决定作出前不具有效力。商标无效宣告的决定作出后,人民法院以及工商行政管理机关还未审结或者处理完毕的商标侵权案件,应当终止处理,并作出驳回商标注册人的诉讼请求的裁定。这里所称的决定一定是生效的决定,如果商标局或者商标评审委员会作出无效决定后,当事人继续申请复审或者向人民法院起诉的,或者进一步启动上诉程序的,则该无效决定还没有生效;但对于还未审结或者审结后还未履行的,可以向人民法院或者工商行政管理机关提出中止审理、中止执行或中止履行的申请。人民法院或者工商行政管理机关收到申请后,应当作出中止正在处理程序的裁定或者决定,待注册商标无效的决定最终生效后,再决定是否继续审查或者处理程序。

第二款所称的恶意给他人造成损失的,是指商标注册人明知或者应当知道其注册商标存在被无效的情形,仍然通过诉讼或者转让以及使用许可等方式获得利益，从而给他人造成损失的情形。该款但书条款是对于注册商标无效决定不具有溯及力的有效补充，按照该款的规定，注册商标无效的决定对于其生效前的行为是具有溯及力的，但是在商标注册人存在恶意的情况下，仍然规定该无效的决定不具有追溯力，不必赔偿因其注册商标被宣告无效给他人造成的损失，又是不尽合理的。如当事人违反《商标法》第三十二条的规定，"以不正当手段抢先注册他人已经使用并有一定影响的商标"后，又以他人侵犯其注册商标专用权为由，采取诉讼或者其他措施，造成他人损失的，则应当予以赔偿。为此，该款特别规定，因商标注册人的恶意给他人造成损失的，应当予以赔偿。

第三款所称的明显违反公平原则，是指被许可人或者商标受让人支付商标许可使用费或者商标权转让费后，尚未使用该商标或者只使用了很短的时间，该商标权就被宣告无效，被许可人或者商标权受让人没有因商标权的使用而受益或者受益很少，与他们支付的商标许可使用费、商标权转让费而付出的费用相比，明显不相当。在这种情况下，根据公平原则，商标权人或者商标权转让人应当向被许可人或者商标权受让人返还全部或者部分商标许可使用费或者商标权转让费。由于商标权人并无恶意，因此只需根据公平原则，返还已收取的部分或全部商标许可使用费或商标权转让费，而无须赔偿损失。

本条在一定程度上降低了因注册商标被宣告无效所产生的影响，其目的就是为了在保障商标权人的合法权益和社会公众的合法权益之间，以及在维持正常的社会经济秩序、具有可操作性与公平合理之间寻求一种平衡。

第六章
商标使用的管理

第四十八条　商标使用

【第四十八条】本法所称商标的使用，是指将商标用于商品、商品包装或者容器以及商品交易文书上，或者将商标用于广告宣传、展览以及其他商业活动中，用于识别商品来源的行为。

本条是关于商标使用的规定。

本条的内容原属于 2002 年《商标法实施条例》的内容，后来在 2013 年《商标法》修改时被写入了商标法中，并增加了"用于识别商品来源的行为"这一内容。该增加的内容属于整个商标法的点睛之笔，直接点明了商标使用的目的。另外，本条所称商标的使用既包括注册商标的使用，也包括未注册商标的使用。

本条包括商标的使用形式和使用目的。将商标用于商品、商品包装或者容器以及商品交易文书上，或者将商标用于广告宣传、展览以及其他商业活动中，是为商标的使用形式；用于识别商品和服务的来源，是为商标的使用目的。

本条所称的将商标用于商品上，是指将事先制作完成的商标直接使用在商品本身。如一些服装制造企业，将注册商标缝制在服装的胸部以及衣领背部等部位。又如一些手机制造企业，将注册商标印刷在手机壳或展示在开机界面上等，这是一种比较常见的商标使用方式，尤其是在汽车制造行业、机械制造行业等类的商品上。

本条所称的将商标用于商品的包装上，是指将商标直接印刷或者镶嵌在商品的包装上。现实生活中，有些商品需要通过包装包裹，防止损害。在商品的包装上使用商标，如将商标印制在包装袋、外包装箱上等，也是一种常见的商标使用方式。

本条所称的将商标用于容器上，是指将商标直接印刷或者镶嵌在商品的容器上。现实生活中，有些商品，如矿泉水、饮料、牛奶等液体类商品，必须以容器盛装的方式对外售卖，该种形式的商标只能使用在盛装该商品的容器上，如常见的蒙牛袋装的牛奶，即是把商标使用在纸质容器上，这也是一种常见的商标使用方式。

本条所称的将商标用于交易文书上，是指将商标直接印刷在交易文书上，如有些企业将商标直接印制在合同文本、送货单、发票上等。

本条所称的将商标用于广告宣传中，是指在诸如电视、广播、视频、户外媒体等宣传媒介中使用商标。这种形式的商标使用形式非常常见。

本条所称的将商标用于展览中，是指在各种展览会、博览会等使用商标。首次使用并符合《商标法》第二十六条规定的未注册商标，可以在申请商标注册时，要求优先权。

本条所称的将商标用于其他商业活动中，是指将商标用于除上述情形以外的其他商业活动中，如冠名某个活动及电视剧等。

本条所称的识别商品来源的行为，是商标的使用目的，具体是指通过使用商标，使他人了解该商品来源于什么地方或者来源于什么企业。注册商标的使用是指将已被核准注册的商标使用于商品、商品包装或者容器以及商品交易文书上，或者将商标用于广告宣传、展览以及其他商业活动中，可以直接在商品、商品包装、容器、说明书或者其他附着物上标明"注册商标"或者注册标记。注册标记是指在注册商标的左上角或者右下角标明中文"注"或者英文字母"R"，且注册商标只能在核定的商品上使用。实践当中，只要我们看到在商标的左上角或者右下角标明中文"注"或者英文字母"R"的，可以理解为该商标为注册商标；若未经核准注册或者未在核定的商品上使用的，却在商标的左上角或者右下角标明中文"注"或者英文字母"R"的，这就是涉嫌假冒注册商标的行为，情节严重的，可能涉嫌假冒注册商标罪。在我国以商标注册登记的大原则下，并没有排除未注册商标的使用，未注册商标可能是未提出注册申请的商标，也可能是提出申请但未经商标局核准注册的商标。未注册商标有《商标法》第十条明确规定情形的，禁止使用，由工商行政管理部门予以制止，并责令限期改正。

商标经商标局核准注册后，商标专有权人可以自用，也可以依据《商标法》第四十三条的规定许可他人使用。

第四十九条　注册商标的撤销

【第四十九条】商标注册人在使用注册商标的过程中，自行改变注册商标、注册人名义、地址或者其他注册事项的，由地方工商行政管理部门责令限期改正；期满不改正的，由商标局撤销其注册商标。

注册商标成为其核定使用的商品的通用名称或者没有正当理由连续三年不使用的，任何单位或者个人可以向商标局申请撤销该注册商标。商标局应当自收到申请之日起九个月内做出决定。有特殊情况需要延长的，经国务院工商行政管理部门批准，可以延长三个月。

本条是关于注册商标撤销的规定。

自然人、法人、其他组织的商标注册申请经商标局核准注册后，就取得了注册商标专用权，可以在核定的商品或者服务范围内使用核准的注册商标，但商标专用权人或者被许可人及受让人等都必须按照商标法及其他有关商标管理的规定使用商标。未依法使用注册商标的，不但有可能得不到相应的法律保护，还可能被商标局予以撤销。

本条第一款所称的自行改变注册商标，是指商标注册人在实际生产经营活动中使用的商标与被核准注册的商标出现不一致。商标注册人或者被许可使用人在实际使用商标时，擅自改变该商标的文字、图形、字母、数字、立体形状、颜色组合等商标的构成要素，导致原注册商标的主要部分和显著特征发生变化。改变后的标志同原注册商标相比，已被认为不具有同一性。商标使用人应当严格将核准注册的商标使用在核定使用的商品上。在实际使用过程中确实需要改变已被核准注册商标的文字、图形、字母、数字、三维标志和颜色组合以及上述要素的组合的，因涉及商标权客体的改变，故应当依据《商标法》第二十四条的规定重新提出商标注册申请。未提出变更申请而擅自变更使用的行为，是法律所禁止的行为。

　　第一款所称的自行改变注册人名义，是指商标注册人在生产经营活动中，对其姓名或者名称进行了变更，导致改变后实际使用注册人名义与商标注册簿上记载的注册人名义不一致。依照商标法的规定，改变注册人名义，属于注册事项的变更，如确需变更的，应当依据《商标法》第四十一条的规定向商标局提出变更申请，擅自变更的行为是法律所禁止的。

　　第一款所称的自行改变注册人地址，是指商标被核准注册以后，未经许可，商标注册人自行改变地址，或者只是在工商行政管理部门进行了地址变更，导致变更后的商标注册人实际经营地址与商标注册簿上记载的地址不一致。依照商标法的规定，改变注册人的地址，属于注册事项的变更，如确需变更的，应当依据《商标法》第四十一条的规定向商标局提出变更申请。

　　第一款所称的自行改变注册商标的其他注册事项，是指除注册名义、地址之外的其他注册事项发生变化后，注册人未依法向商标局提出变更申请，致使变更后的注册事项与商标注册簿上记载的有关事项不一致。依照商标法的规定，如确需变更其他注册事项的，应向商标局提出变更申请。

　　第一款所称的由商标局撤销其注册商标，是指商标注册人自行改变注册人名义、地址或者其他注册事项的法律后果。商标注册人在实际经营过程中，确因经营需要可能涉及企业名称、地址等事项的变更，不但应在工商行政管理部门进行变更，还应当向商标局提出变更申请。不提出变更申请，既不利于商标主管机关及时掌握商标权人的实际情况，同时由于权利主体名义、地址或者其他注册事项变更，也会影响商标权的有效性。有的情况下，企业在企业登记主管部门办理了企业名称、地址等变更手续，但不及时到商标主管机关办理商标注册人名义或地址变更手续，一旦被他人假冒侵权，就很难受到法律保护。商标使用的目的是区分商品和服务的来源，若企业地址及名称发生变更后没有及时进行商标注册信息的变更，会对消费者产生误导。为此，本条规定地方工商行政管理部门可责令商标注册人在三十日内进行改正，商标注册人收到整改通知后，应当在地方工商行政管理部门要求的期限内进行整改，期满仍不予整改的，商标局可以作出撤销注册商标的决定，这也是商标加强商标管理的一个方面。

　　第二款所称的通用名称，是指注册商标在使用过程中已经丧失了识别商品和服务的来源功能，渐渐淡化为直接指代该商品。通用名称包括法定通用名称和约定俗称的通用名称，《商标法》第十一条规定，当申请注册的商标仅表示该商品的通用名称或者图形、型号的，属于不得注册的情形。出现该种问题的原因多是商标注册人使用不当或者他人的不当使用造成的，商标使用的目的在于区分商品和服务的来源，故当该注册商标不再具有识别功能时，就失去了作为商标使用的意义。判断注册商标是否成为其核定使用商品的通用名称的时间点，一般是以提出撤销申请时的事实状态为准，案件审理时的事实状态可作为参考。

　　第二款所称的无正当理由，是指商标注册人不使用商标的行为没有法律规定或者合同约定的合法事由。依据《商标实施条例》第六十七的规定，正当理由是指"（一）不可抗力；（二）政府政策性限制；（三）破产清算；（四）其他不可归责于商标注册人的正当事由"。

第二款所称的连续三年停止使用，是指商标注册人在获得商标专用权后，没有积极的使用商标，而是将注册商标长期搁置不用，时间至少达到三年及以上。长期不使用商标不但不产生价值，发挥商标功能和作用，而且还会影响到他人注册登记或使用，有碍于他人申请注册与其相同或者近似的商标，商标的法律价值也就失去了意义。如何理解商标的使用呢？商标的使用是指商标的商业性使用，如《商标法》第四十八条规定，将商标用于商品、包装或容器以及商品交易文书上，用于广告宣传、展览以及其他商业活动中都可以认为是使用，或者许可他人使用。但是有如下情况之一的，则不能认为是商标的使用：仅有商标注册信息的公布或者商标注册人关于对其注册商标享有专用权的声明；未在公开的商业领域使用，仅作为赠品使用；仅有转让或者许可行为而没有实际使用；仅以维持商标注册为目的的象征性使用以及改变注册商标主要部分和显著特征的使用等均不属于商标法所称商标的使用。

第二款所称的九个月，是指商标局作出是否撤销注册商标专用权的法定期间。该期间是从商标局收到撤销申请之日起算，如因特殊原因未能作出决定的，经有关主管部门批准，可以延长三个月。

第二款所称的撤销其注册商标，是指注册商标成为核定商品的通用名称或者无正当理由连续三年不使用的情形下，不再具有商标法所要求的显著性。依据商标法的规定，无法实现商标的识别功能，根据任何单位和个人的请求，由商标局审查后，作出撤销其注册商标的决定。

依据《商标法》第九条及第十一条的规定，注册商标成为核定商品的通用名称以及无正当理由连续三年不使用的，主要考虑到成为通用名称后淡化了商标本身的识别功能，自然人、法人或者其他组织使用该商标的目的已不能达到。另外，自然人、法人或者其他组织申请商标注册的目的是将商标应用于其商品和服务，若长期不用，不但起不到识别的作用，还可能造成大量商标资源的浪费，扰乱商标市场秩序。为此，本条规定，出现该种情况下，任何单位和个人都有权利向商标局申请撤销该商标专用权，商标局收到申请后应当及时将申请文件副本转送给商标注册人，商标注册人收到文件后，应当在三十日内进行答辩，是否答辩并不影响商标局的决定。商标注册人不服商标局的撤销决定的，可以依据《商标法》第五十四条的规定通过向商标评审委员会申请复审进行救济，并可针对商标评审委员会的复审决定向人民法院进行起诉。

第二款规定了连续三年不使用可以作为注册商标撤销的事由，结合《商标法》第四条中不以使用为目的的恶意商标注册申请是驳回申请的法定事由，《商标法》第四十四条又将第四条作为一个无效的法定事由。如何理解其中的关系并选择使用呢？《商标法》第四条是商标局直接作出驳回申请时所引用的法律依据，社会公众是无权直接引用的。当注册商标连续长时间不使用时，相关的社会公众是依据《商标法》第四十九条第二款提出撤销申请，还是依据《商标法》第四十四条提出无效宣告呢？首先，提出无效申请和商标撤销申请属于不同的法定事由，并适用不同的法律程序，即无效程序和商标撤销程序；其次，产生的法律效果不同，即商标无效的法律后果是自始无效，而商标撤销的后果是商标权自公告之日起终止；再次，依据本条提出撤销申请，需要商标核准注册三年后提出，依据《商标法》第四十四条条第一款提出无效宣告请求则没有三年的时间限制，只要商标核准注册以后，即可提出。因此如何选择适用《商标法》第四十九条第二款和《商标法》第四十四条第一款，应当取决于申请的目的，并结合商标核准注册的时间而定。

行使撤销权既可以撤销全部指定商品上的专用权，也可以撤销在部分指定商品上的专用权，依据《商标法实施条例》第七十四条的规定，注册商标专用权被撤销后，原商标注册证作废，并同时由商标局予以公告；撤销商标在部分指定商品上的专用权的，应当有商标局重新核发商标注册证，并由商标局予以公告。

依据本条提出撤销注册商标的，应当依法提出撤销申请，通过纸质形式办理，应当根据商标局的要求以及商标局的官网信息提交文件。

依据《商标法》第七十二条的规定，提出撤销申请应当缴纳费用，收费标准是按照类别收费。如果是委托商标代理机构办理的，申请人应向商标代理机构缴纳变更规费和代理费，商标局收取的变更规费从该商标代理机构的预付款中扣除。

第五十条　一年内不予核准

【第五十条】注册商标被撤销、被宣告无效或者期满不再续展的，自撤销、宣告无效或者注销之日起一年内，商标局对与该商标相同或者近似的商标注册申请，不予核准。

本条是关于注册商标无效、被撤销或者注销后同类商标注册申请不予核准的规定。

本条所称的注册商标被撤销，是指注册商标违反《商标法》第四十九条的规定，被商标局撤销的情形。即商标注册人在使用注册商标的过程中，自行改变注册商标、注册人名义、地址或其他注册事项或者因使用不当、宣传不当导致注册商标淡化为商品通用名称以及无正当理由连续三年不使用的，商标局根据地方行政管理部门以及其他单位和个人的申请，经过审查后，认为符合商标法撤销规定的，应当作出撤销的决定。撤销决定由商标局予以公告，注册商标专用权自公告之日起终止。

本条所称的被宣告无效，是指已经注册的商标违反了《商标法》第四十四条和第四十五条规定的无效事由，被商标局或者商标评审委员会作出宣告无效的决定或者裁定。所谓无效事由，是指违反了《商标法》第四条、第十条、第十一条、第十二条、第十九条第四款以及以欺骗手段或者其他不正当手段取得注册规定的，由商标局宣告该注册商标无效，其他单位和个人可以请求商标评审委员会宣告该注册商标无效；违反《商标法》第四十五条规定的无效事由即违反了

《商标法》第十三条第二款和第三款、第十五条、第十六条第一款、第三十条、第三十一条、第三十二条规定的,在先权利人或者利害关系人可以请求商标评审委员会宣告该注册商标无效。被宣告无效的注册商标由商标局依法进行公告,且视为自始即不存在。

本条所称的期满不再续展,是指注册商标期限届满后,未依据《商标法》第四十条的规定办理续展注册手续,或者逾期办理续展注册手续的,由商标局注销其注册商标。依据《商标法》第三十九条的规定,注册商标专用权的期限是十年,期满后如需继续使用,应依照《商标法》第四十条的规定进行续展注册;未在期满前十二个月内或者期满后六个月的宽限期内办理续展注册手续的,注册商标专用权因未进行续展注册而终止,由商标局予以公告,注册商标专用权自公告之日起终止。

本条所称的一年,是指注册商标被撤销、被宣告无效或被注销后,禁止在同一种商品或者类似商品上注册相同或者近似商标的法定期间。从商标法以及相关的司法解释来看,该期间为不变期间,不因任何事由中止、中断和延长。

本条所称的不予核准,是指为了维护市场经济秩序和保护消费者的利益,防止不必要的误会和损失,在被撤销、被宣告无效或被注销之日起一年之内,对与该商标相同或者近似的商标注册申请,作出一定的限制。被撤销、被宣告无效或被注销的注册商标,自决定生效之日起其注册商标专用权就不存在了,使用原商标的商品并不因无效决定的作出而同时退出流通市场,也就是说,虽然注册商标无效,但是标识该注册商标的商品并不立即退出市场,仍然会流通一定时间。如果立刻核准其他人注册与之相同或者近似的商标,就有可能使市场上同时出现带有相同或者近似的商标的商品,从而造成消费者的误认、误购，势必引起市场混淆。正是为了防止出现这种情况，维护消费者的合法权益，商标法特别规定了一年的过渡期，让原来标识该注册商标的商品继续在市场销售，一年的时间足以让这些商品销售完毕，或者即便没有销售完毕，存货也不多了，不至于造成市场混淆，损害消费者的合法权益。特别值得注意的是，因为连续三年不使用而被撤销的，不受该一年期间的时间限制，原因是这种情况下，没有商品在市场上流通，不会造成任何的市场混淆，本条款的立法目的已经达到，故没有必要适用该一年的时间限制。因此，这种情况下申请的相同或者近似商标，商标局应当予以核准注册。

　　本条只是明确了相同或者近似商标，并没有明确是否限于同一种或类似的商品上。从对《商标法》第二十二条、第二十三条、第二十四条以及第五十六条规定的分析来看，本条应当是仅限于同一种或者类似商品上。笔者认为，脱离同一种商品或者类似商品这个前提，讨论商标是否相同或者近似是没有任何意义的。

第五十一条 违反强制注册的法律责任

【第五十一条】违反本法第六条规定的,由地方工商行政管理部门责令限期申请注册,违法经营额五万元以上的,可以处违法经营额百分之二十以下的罚款,没有违法经营额或者违法经营额不足五万元的,可以处一万元以下的罚款。

本条是关于违反强制注册的法律责任的规定。

本条所称的违反《商标法》第六条规定,是指违反法律关于强制使用注册商标的规定,使用未经核准注册的商标。我国的商标注册,采取的是自愿注册与强制注册相结合的制度,故是否申请商标注册主要由商标使用人自行决定,但并不是所有商品使用的商标都实行自愿注册制度,对与人民生活关系极为密切并直接涉及人体健康的极少数商品,法律要求强制性商标注册。《中华人民共和国烟草专卖法》第二十条规定:"卷烟、雪茄烟和有包装的烟丝必须申请商标注册,未经核准注册的,不得生产、销售。"第二十一条同时规定:"烟草制品商标标识必须由省级工商行政管理部门指定的企业印制;非指定的企业不得印制烟草制品商标标识。"对烟草制品,法律要求强制使用注册商标,本身就是要求烟草制品的商标注册人对强制使用商标的烟草制品负责。如果发现其商品粗制滥造,以次充好,欺骗消费者的,则可以通过商标使用的管理对违法行为给予必要的制裁。由此可见,我国的商标注册制度,在总的原则上是实行自愿注册制度,但对极少数商品又规定必须使用注册商标。这是根据国家经济发展状况和商标使用的实际情况所制定的法律规范，既符合我国的特色社会主义市场实际情况，也体现了法律对人民负责的态度。

本条所称限期申请注册，是指责令必须使用注册商标的商品的生产经营者，在限定的期限内，申请商标注册。商标使用人违反《商标法》第六条规定的，地方各级工商行政管理部门有权责令其限期申请注册；未经核准注册的，不得在市场行销售。

本条所称违法经营数额，是指经过交易关系后发生的数额，未发生交易的商品金额不能计入违法经营数额。违反本条规定的，由工商行政管理部门按照违法经营数额的多少给予行政处罚，即违法经营数额为五万元以上的，给予违法经营数额20%以下的罚款；违法经营数额低于五万元或者没有违法经营数额的，处以一万元以下的罚款。

第五十二条　不当使用未注册商标的法律责任

【第五十二条】将未注册商标冒充注册商标使用的，或者使用未注册商标违反本法第十条规定的，由地方工商行政管理部门予以制止，限期改正，并可以予以通报，违法经营额五万元以上的，可以处违法经营额百分之二十以下的罚款，没有违法经营额或者违法经营额不足五万元的，可以处一万元以下的罚款。

本条是关于假冒注册商标或者不当使用未注册商标法律责任的规定。

本条所称的未注册商标冒充注册商标，是指将未注册商标当作注册商标使用，擅自在商品上标注"注册商标"或者注册标记，或者是取得商标注册，但未在核定使用的商品上使用注册商标的行为。将未注册商标标记为注册商标，实际上是一种假冒注册商标的行为，是对消费者的一种欺骗，妨碍商标局对商标的管理，破坏了现有的商标管理秩序，是被法律所禁止的行为，情节严重的，还可能涉嫌犯罪。

本条所称的未注册商标违反《商标法》第十条规定，是指将《商标法》第十条规定的不得作为商标使用的标志作为商标使用，是法律所禁止的。该种使用行为，有损社会公共利益，不但不能被核准注册，而且也不能作为商标使用。

本条所称的予以制止，是指责令当事人立即停止禁用标志或者冒用注册商标的违法行为。

本条所称的限期改正，是指责令当事人立即拆除禁用标志或者去除注册标记的违法行为，严重的，工商行政管理部门可以责令销毁已经制作的商标标识。

本条所称的进行通报，是指将未注册商标冒充注册商标或者使用禁用标志的违法行为通过各种媒介进行公开发布，对违法者的违法行为以示警诫。

本条所称违法经营数额，是指经过交易关系后发生的数额，未发生交易的商品金额不能计入违法经营数额。违反本条规定的，由工商行政管理部门按照违法经营数额的多少给予行政处罚，即违法经营数额为五万元以上的，给予违法经营数额20%以下的罚款；违法经营数额低于五万元或者没有违法经营数额的，处以一万元以下的罚款。

实践当中，未注册商标使用的范围非常广泛，尤其是对于一些处于创业初期、生产能力尚不稳定、产品定位尚未成型的商品等。对于一些商品的销售，因我国采取自愿注册原则，允许使用未注册商标的商品进入市场销售，但这并不意味着国家对未注册商标的使用就放任不管。从保护注册商标专用权和维护消费者利益出发，国家商标管理部门仍然要对未注册商标的使用进行管理。通过加强对未注册商标使用的管理，指导未注册商标使用人正确使用商标，提高未注册商标使用人商标意识，鼓励其积极申请商标注册。

第五十三条　违法使用驰名商标字样的法律责任

【第五十三条】违反本法第十四条第五款规定的，由地方工商行政管理部门责令改正，处十万元罚款。

本条是关于违法使用驰名商标字样法律责任的规定。

本条所称的《商标法》第十四条第五款，是指商标持有人不得将驰名商标字样用于商品、商品包装或容器上，或者用在广告宣传、展览以及其他商标活动中。驰名商标是根据商标权利人的请求，在涉及商标案件中，根据需要认定的事实进行认定。其认定原则包括个案认定、被动认定、按需认定。但是，一些注册商标专用权的权利人，当其商标在具体案件中被认定为驰名商标以后，到处使用驰名商标进行宣传。驰名商标本身并不是一种荣誉，更多的是对经营者苦心经营而沉淀下来的产品品质的一种肯定，经营者不能作为一种荣誉进行宣传，否则极易导致垄断性经营和不正当竞争，不利于新生品牌参与市场竞争，扰乱正常的市场竞争秩序。为此，商标法对此进行了禁止。

本条所称的责令改正，是指工商行政管理部门有权责令当事人立即停止驰名商标的违法使用行为，并及时纠正驰名商标的违法使用行为。

本条所称的处十万元罚款，是指对于违法使用驰名商标的行为的行政处罚。该处罚措施明确具体，没有任何自由裁量的空间。

2013年《商标法》修改之前，我国关于驰名商标保护的实践偏离了商标法关于驰名商标立法本意的轨道。各地方省级部门也纷纷出台了认定驰名商标后的各种优惠政策，大力鼓励经营者进行驰名商标的认定，也相应出台了省级"著名商标"的认定条件、优惠政策、项目补贴等。正是这种错误的认定和偏颇的价值导向，让不少企业不遗余力地申请认定驰名商标和著名商标，其往往是"醉翁之意不在酒"，不是依法解决个案问题，而是想方设法取得一个"驰名商标"的名号，获得一个可以宣传的"光环"，借助"驰名商标"桂冠，吸引观众眼球，攫取市场利益和竞争优势。也因此让很多经营者铤而走险，不惜一切代价走上认定驰名商标的不归路，严重的还可能涉嫌犯罪。要从根本上解决驰名商标认定而滋生的一系列问题，应当从源头上杜绝不正当的需求，禁止不正当的驰名商标认定申请。还需要从立法层面明确和重申驰名商标认定的法律意义和司法导向。为此，《商标法》在第十四条第五款以及本条明确禁止对驰名商标进行宣传，并给出了明确的处罚措施。故2013年《商标法》修改之后，明确了驰名商标的认定原则，禁止作为一种企业荣誉进行宣传，随之地方政府也逐步开始废止了原来制订的关于驰名商标奖励以及著名商标认定的各项措施和办法。

第五十四条　撤销决定的救济程序

【第五十四条】对商标局撤销或者不予撤销注册商标的决定，当事人不服的，可以自收到通知之日起十五日内向商标评审委员会申请复审。商标评审委员会应当自收到申请之日起九个月内做出决定，并书面通知当事人。有特殊情况需要延长的，经国务院工商行政管理部门批准，可以延长三个月。当事人对商标评审委员会的决定不服的，可以自收到通知之日起三十日内向人民法院起诉。

本条是关于注册商标撤销决定救济程序的规定。

本条所称的撤销或者不予撤销注册商标的决定，是指当事人认为注册商标违反《商标法》第四十九条的规定，商标局根据当事人提交的申请及事实理由，进行综合审查后作出的撤销或者不予撤销两种决定。商标注册人在使用注册商标过程中，因自行改变注册商标，经工商行政管理部门责令整改后，逾期仍不改正的，可能被撤销；或者因无正当理由连续三年不使用而被撤销以及注册商标成为核定使用商品的通用名称而被撤销。商标权是知识产权的一种，也是一项重要的民事权利。撤销注册商标就是要剥夺这项权利，消灭商标专用权。商标权被撤销与商标权无效有些不同，撤销或者被无效的结果都标志着商标权的终止，但终止的时间不同：被撤销的法律后果是商标权自被公告之日起终止，被无效的法律后果是自始无效。

本条所称的十五日，是指当事人不服商标局决定，向商标评审委员会提出复审请求的法定期间,该期间为不变期间,不因任何事由而中止、中断和延长。当事人应当在该期间内提出复审请求,否则商标评审委员会不予受理。

本条规定的三十日,是指当事人不服商标评审委员会的复审决定,向人民法院提起诉讼的法定期间,该期间为不变期间,不因任何事由而中止、中断和延长。当事人应当在该期间内提起诉讼,否则人民法院不予受理。

本条所称的九个月,是指商标评审委员会作出复审决定的法定期间,也就是说商标评审委员会应当在收到复审请求之日起九个月内作出复审决定,但有特殊情况的,经有关主管部门批准,可以延长三个月。

本条所称的书面通知当事人,是指商标局或者商标评审委员会在作出决定或者裁定后,应当通过纸质形式或者数据电文方式等将决定或者裁定的结果告知当事人,以便于当事人第一时间知悉决定或者裁定的结果。

本条规定了撤销注册商标决定的复审程序和司法程序,即对商标局撤销或者不予撤销的决定不服的,可向商标评审委员会申请复审;以及对商标评审委员会的复审决定不服的,可向人民法院报起诉。

本条所称的向商标评审委员会申请复审,依据《商标法释义》第五十四条,是指商标评审委员会应当事人的申请,对不服商标局撤销或者不予撤销商标的决定依法进行审议评核,作出复审决定的法律程序❶。商标复审在商标评审活动中占有重要的法律地位,有利于各方当事人通过严格的法律程序充分地主张自己的权利。具体来讲,当事人提出复审申请的法定期间为十五日,也就是说当事人对商标局作出的撤

---

❶ 商标法释义[EB/OL].[2020-02-10]. http://www.npc.gov.cn/zgrdw/npc/flsyywd/minshang/2013-12/24/content_1819923.htm.

销其注册商标的决定不服的，可以自收到决定通知之日起十五日内将撤销商标复审申请书交送商标评审委员会申请复审。商标评审委员会根据复审程序以及当事人的复审事由进行综合审议后作出复审决定，并用书面方式通知申请人。

　　本条所称的向人民法院起诉，是指不服商标评审委员会的复审决定，而启动对行政程序进行司法审查的救济措施，包括一审和二审。具体来讲，就是商标注册人或者撤销申请人认为商标评审委员会的复审决定不正确的，可以在收到商标评审委员会的复审决定后三十日内向人民法院报起诉。人民法院通过对行政程序的合法性进行审查，并结合当事人的事实与理由，经综合认定并作出判决。商标注册人或者撤销申请人仍不服的，还可以在十五日内向上级人民法院上诉。

第五十五条　撤销决定生效及其效力

【第五十五条】法定期限届满，当事人对商标局做出的撤销注册商标的决定不申请复审或者对商标评审委员会做出的复审决定不向人民法院起诉的，撤销注册商标的决定、复审决定生效。

被撤销的注册商标，由商标局予以公告，该注册商标专用权自公告之日起终止。

本条是关于撤销决定生效及其效力的规定。

本条第一款所称的法定期限，是指十五日和三十日。法定期限届满是指自当事人收到商标局撤销决定之日起十五日内未向商标评审委员会申请复审，或自收到商标评审委员会复审决定之日起三十内日内未向人民法院起诉以及在收到一审法院的判决书后未在十五日内向上一级人民法院上诉。

第一款所称的撤销注册商标的决定、复审决定生效，是指撤销注册商标的决定、复审决定发生法律效力。即当事人未在法定期间内申请复审或者向人民法院起诉，撤销注册商标的决定、复审决定因法定期间届满而生效。依据《商标法》第五十四条的规定，当事人对于商标局或者商标评审委员会对于商标局的决定或者商标评审委员会的复审决定不服的，应当在法定期间内申请复审或者向人民法院起诉的。未申请复审或者未向人民法院起诉的，相应的决定、复审决定以及判决即发生法律效力。实际上，上述决定的生效，也可能是因为人民法院作出维持商标局或者商标评审委员会决定的生效判决而生效。

第二款所称的终止，是指注册商标专用权自公告之日起结束或者停止。注册商标专用权终止的时间与撤销注册商标专用权的决定和复审决定生效之日并非同一时间，也就是说撤销决定的生效时间不是注册商标专用权的终止时间，撤销的决定以及复审决定生效后，由商标局进行公告，公告之日才是注册商标专用权的终止之日。撤销决定作出后到公告前的时间，注册商标专用权仍然有效。

第七章
注册商标专用权的保护

第五十六条 注册商标专用权的权利范围

【第五十六条】注册商标的专用权，以核准注册的商标和核定使用的商品为限。

本条是关于注册商标专用权保护范围的规定。

本条所称的核准注册的商标，也称注册商标，是指经商标局核准注册的商标。核准注册的商标由商标局予以公告，发放商标注册证，同时登载在商标注册簿上。自然人、法人或者其他组织在生产经营活动中，需要取得商标专用权的，应当向商标局申请商标注册，商标局收到商标注册申请后，经审查后予以核准注册。

本条所称的核定使用的商品，是指经核准注册的商标，是核准使用的指定商品类别中的具体商品。这些具体的商品均是根据《类似商品与服务区分表》上的商品进行分类的。商标申请人依据《商标法》第二十二条的规定，根据需要在对应的产品类别上进行选择，并予以申报。该申报的商品类别和商品名称，经商标局核定后，不得擅自变更。确需在核定范围以外的商品上使用的，应当另行提出注册申请。

本条所称的注册商标的专用权，依据人大网《商标法释义》第五十六条，是指商标注册人在核定使用的商品上，享有专有使用核准注册的商标的权利❶。这是一种法定的专有使用权，对注册商标的保护，仅限制在核准注册的商标和核定使用的商品范围之内，不得任意改变或者扩大保护范围。明确注册商标的保护范围，既能让商标注册人正确、有效地将商标使用在对应的商品上，即在核定的商品上使用商标，又可以引导商标注册人将其商标专用权限制在注册范围内，为区别和判断是否构成侵权提供了相对明确的界限。核准注册的商标和核定使用的商品是确定注册商标专用权保护范围的两个具体标准，它们是相互依存、不可分割的统一整体。两个因素必须结合起来使用，割裂商品类别来谈论商标是否近似是毫无意义的，相反只讨论表面上的商标近似而不考虑商品类别的近似也是毫无意义的，故只有在两者同时具备的情况下，商标注册人才享有商标专用权。使用过程中，需要改变标志或者扩大商品使用范围的，应当按照规定重新或者另行提出注册申请。如果商标注册人自行扩大其注册商标的使用范围或者任意改变其标志，即没有在核定的商品上使用商标或者在核定的商品上没有使用核准的商标，则商标使用人就不享有法定的注册商标专用权，甚至还可能面临着无效或者被撤销的法律后果。

商标专用权与同为知识产权的专利权有着本质的不同，专利权是一种排斥权，依据专利法的规定，专利权的保护范围是以权利要求书的内容为准，即以权利要求书中技术方案限定的保护范围为准。相反商标权是一种专有使用权，商标权人核准注册的商标只能使用在核定的商品上，否则商标权人就不再拥有该专用权。

---

❶ 商标法释义 [EB/OL]. [2020-02-10]. http://www.npc.gov.cn/zgrdw/npc/flsyywd/minshang/2013-12/24/content_1819922.htm.

第五十七条 侵犯商标权的行为

【第五十七条】有下列行为之一的,均属侵犯注册商标专用权:

(一)未经商标注册人的许可,在同一种商品上使用与其注册商标相同的商标的;

(二)未经商标注册人的许可,在同一种商品上使用与其注册商标近似的商标,或者在类似商品上使用与其注册商标相同或者近似的商标,容易导致混淆的;

(三)销售侵犯注册商标专用权的商品的;

(四)伪造、擅自制造他人注册商标标识或者销售伪造、擅自制造的注册商标标识的;

(五)未经商标注册人同意,更换其注册商标并将该更换商标的商品又投入市场的;

(六)故意为侵犯他人商标专用权行为提供便利条件,帮助他人实施侵犯商标专用权行为的;

(七)给他人的注册商标专用权造成其他损害的。

本条是关于侵害注册商标专用权行为的规定。

本条所称的侵犯他人注册专用权的行为,是指损害他人注册商标权益,可能给他人造成损失的行为。《侵权责任法》第二条规定,"侵害民事权益,应当依照本法承担侵权责任"。从其列举的民事权益的种类可知,商标专用权属于民事权益的一种。商标专用权是指商标注册人在核定的商品上专有使用核准注册商标的权利,这是一种专有使用权,故商标注册人同时具有禁止他人未经许可在同一种或者类似商品上使用与其注册商标相同或者近似商标的权利;这不是一种排斥权,故其商标注册人无权禁止他人以相同或者近似商标使用在不相同或者不类似商品上。根据侵权责任法的规定,一般侵权行为的成立需要满足四个要件:一是损害事实的客观存在,即损害后果;二是行为的违法性,即侵权行为;三是因果关系,即损害后果是侵权行为造成的;四是行为人存在主观故意或重大过失。也就是说只有同时具备上述四个要件时,才能认定一般侵权行为的成立。但是从本条来看,除第(六)项要求"故意"外,并没有要求侵权行为人一定要有主观故意或者重大过失,因此构成商标侵权行为需要满足以下三个要件:一是损害事实的客观存在,即商标侵害行为给权利人造成了损失;二是行为的违法性,即使用行为是否经商标注册人许可;三是因果关系,即损害后果是侵权行为造成的。并不需要考虑侵权行为人是否存在主观故意,只要存在行为人未经许可实施了本条规定的行为的,均应当认定为侵犯注册商标专用权。这也是知识产权侵权认定的一大特点,如侵犯专利权、著作权等,只要满足上述的三个要件,就应当认定侵权行为成立;如存在故意情形的,情节严重或者数额巨大的,在满足一定条件下,可能涉嫌犯罪,依法应当承担刑事责任。

本条列举了七项侵犯注册商标专用权的行为,分别说明如下:

(1)未经商标注册人的许可,在同一种商品上使用与其注册商标相同的商标的。这是一种常见的商标侵权行为的表现形式,依据《商标法》第六十七条及《刑法》第二百一十三条规定,涉嫌犯罪的,可构成假冒注册商标罪。所谓未经商标注册人的许可,是指未依照《商标法》第四十三条的规定办理适用许可手续;所谓商标相同,是指被控侵权的商标与商标权人的注册商标相比较,二者在视觉上基本无差别,也就是说看起来差不多。

(2) 未经商标注册人的许可,在同一种商品上使用与其注册商标近似的商标,或者在类似商品上使用与其注册商标相同或者近似商标的,容易引起混淆的。所谓未经商标注册人的许可,是指未按照《商标法》第四十三条规定办理许可手续;所谓在同一种商品上使用与其注册商标近似的商标,或者在类似商品上使用与其注册商标相同或者近似的商标的行为,其具体表现形式有几种情况:一是在同一种商品上使用与他人的注册商标近似的商标,二是在类似商品上使用与他人的注册商标相同的商标,三是在类似商品上使用与他人的注册商标近似的商标。商标近似是指被控侵权的商标与商标权人的注册商标相比较,其文字的字形、读音、含义或者图形的构图及颜色,或者其各要素组合后的整体结构相似,或者其立体形状、颜色组合近似。容易导致混淆的是指易使相关公众对商品的来源产生误认或者认为其来源与商标权人的注册商标的商品有特定的联系。所谓类似商品,是指在功能、用途、生产部门、销售渠道、消费对象等方面相同,或者相关公众一般认为存在特定联系、容易造成混淆的商品。类似服务是指在服务的目的、内容、方式、对象等方面相同,或者相关公众一般认为存在特定联系、容易造成混淆的服务。商品与服务类似是指商品和服务之间存在特定联系,容易使相关公众混淆。《商标法实施条例》第七十六条将在同一种商品或者类似商品上将与他人注册商标相同或者近似的标志作为商品名称或者包装装潢使用的也视为侵犯注册商标专用权行为。

上述情形的使用行为都会造成商品和服务来源的混淆，导致消费者发生误认、误购，从而损害商标注册人的合法权益和消费者的利益，是一种非常典型的商标侵权行为。

（3）销售侵犯注册商标专用权的商品的行为。这属于商品流通过程中的一种商标侵权行为。通常情况下，商品生产完成后，除生产者自行对外销售以外，还可能通过其他人的销售活动才能到达消费者手中。故无论是商品的生产者或者销售者的商品销售行为都起到了混淆商品来源、侵犯注册商标专用权、损害消费者利益的作用。从保护商标注册人的合法权益出发，应当将该种销售行为认定为侵犯注册商标专用权的行为，但是《商标法》第六十条及第六十三条同时明确规定，销售不知道是侵犯注册商标专用权的商品，能证明该商品是自己合法取得并说明提供者的，不承担赔偿责任。但如果明知是侵犯注册商标专用权的商品仍然进行销售的，其主观上是故意，依据《商标法》第六十七条及《刑法》第二百一十四条规定，涉嫌犯罪的，依法应当承担刑事责任，即销售侵犯注册商标专用权罪。

（4）伪造、擅自制造他人注册商标标识或者销售伪造、擅自制造的注册商标标识的行为。所谓伪造，是指未经商标注册人或者其他相关权利人同意或者许可而仿制出与该注册商标标识相同的商标标识，标识本身是假的；所谓擅自制造，是指未经商标注册人或者其他相关权利人同意或者许可在商标印制合同规定的印数之外，又私自加印商标标识的行为，商标标识本身是真的。无论是伪造还是擅自制造都是未经商标注册人许可的行为，其行为本身均是违法的。所谓销售伪造、擅自制造的注册商标标识的行为，是指将以伪造、擅自制造的商标标识为标的商品进行买卖。伪造、擅自制造他人注册商标标识行为的目的是用于自己或供他人用于其生产或者销售的同一种商品或者类似商品上，以便以假充真、以次充好；而销售伪造、擅自制造的注册商标标识的行为，其目的是获取非法利益。由于这类行为扰乱了市场经济秩序，侵犯了商标注册人的商标专用权，损害了消费者的利益，依据《商标法》第六十七条及《刑法》第二百一十五条规定涉嫌犯罪的，依法追究刑事责任及伪造、擅自制造注册商标标识罪。

（5）未经商标注册人同意，更换其注册商标并将该更换商标的商品又投入市场的行为，有人称之为反向假冒。所谓反向假冒，是指在商品销售活动中将他人在商品上合法贴附的商标消除，换上自己的商标，冒充为自己的商品予以销售的行为。这种行为割裂了消费者与商品之间的联系，侵犯了消费者的知情权，使消费者对商品来源，对生产者、提供者产生误认，对注册商标有效地发挥识别作用造成阻碍，不利于商标使用目的的实现，应认定为是一种侵犯注册商标专用权的行为。有人可能会问为什么会出现这样的情形呢？实践中会有两种情况的反向假冒，一种是知名度高的商标反向假冒知名度低商标所标识的产品；另一种是知名度低的商标反向假冒知名度高的。用知名度高的商标反向假冒知名度低的商标，从企业的角度来说一定程度上降低了成本，利用自己商标的高知名度攫取更多的商业利益，原因在于知名度低的商标所标识的商品无论是研发投入、产品质量等均与知名度高的商标所标识的商品不在一个等级，故其最终损害的是消费者的合法权益。相反，用知名度低的商标反向假冒知名度高的商标反而增加产品制造、购买成本却低价销售或者说是无利可图，那么这种情形的反向假冒意义何在呢？这种情形的反向假冒者是为验证其商标在相关消费者的认可度，若认可，则可以大量生产该商标所标识的商品，迅速占领市场；

若不认可，可以放弃生产，也不用过多的投入。这种情形下损害的是知名度高的企业的合法权益。

（6）故意为侵犯他人注册商标专用权提供便利条件，帮助他人实施侵犯注册商标专用权的行为。所谓提供便利条件，是指提供仓储、运输、邮寄、印刷、隐匿、经营场所、网络商品交易平台等。即明知他人的行为是侵犯注册商标专用权的行为，仍然为其提供仓储、运输、邮寄、印刷、隐匿、经营场所、网络商品交易平台等形式帮助该他人实施侵权行为的，视为帮助他人侵权，这从侵权责任法角度应为共同侵权。若认定侵权行为成立的，还应当依法承担连带责任。

（7）给他人的注册商标专用权造成其他损害的行为。这是一项概括性规定，也是侵犯注册商标专用权的兜底性条款。因立法过程无法穷尽所有的侵权行为的表现形式，也无法预知未来可能发生的侵犯注册商标专用权的表现形式，但有一点可以肯定的是，只要给注册商标专用权人造成损失的，都属于侵犯注册商标专用权的行为。2002年10月16日施行的《最高人民法院关于审理商标民事纠纷案件适用法律若干问题的解释》第一条对于其他的侵害行为进行补充，除本条前述侵犯注册商标专用权的行为外，还有如"将与他人注册商标相同或者相近似的文字作为企业的字号在相同或者类似商品上突出使用，容易使相关公众产生误认的；复制、摹仿、翻译他人注册驰名商标或者其主要部分在不相同或者不相类似商品上作为商标使用，误导公众，致使该驰名商标注册人的利益可能受到损害的；将与他人注册商标相同或者相近似的问题注册为域名，并且通过该域名进行相关商品交易的电子商务，容易使相关公众产生误认的"。上述这些行为尽管有着各种不同的表现形式，但都或多或少利用注册商标的天然资源，必将会对注册商标专用权造成损害。尤其是将注册商标作为企业字号突出使用时。突出使用实际上是一种商标性使用，故将其归为侵犯注册商标专用权的行为也是合情合理。

本条以及上述司法解释均归纳了侵犯注册商标专用权的表现形式，可以明确的是，认定商标侵权的一个大前提就是无论是相同标识还是近似标识，首先要判断的是否为商标性使用，然后判断是否使用在相同或者类似商品上，以此综合判定是否侵犯注册商标专用权。

第五十八条　构成不正当行为的处理依据

【第五十八条】将他人注册商标、未注册的驰名商标作为企业名称中的字号使用，误导公众，构成不正当竞争行为的，依照《中华人民共和国反不正当竞争法》处理。

本条是关于将注册商标作为企业字号使用构成不正当竞争行为的法律责任的规定。

本条所称的注册商标，是指经商标局核准注册的商标。

本条所称的未注册的驰名商标，是指未经商标局核准注册，实践中依据商标法关于商标使用的规定作为商标使用，经过长期使用，为相关公众所熟知，具有一定影响力，依据《商标法》第十四条第一款被认定为驰名商标的。

本条所称的字号，是指企业名称中的核心部分，也是此企业区别于彼企业的标志部分，如江苏昆成律师事务所，"昆成"即为字号；昆山长坤五金有限公司，"长坤"即为字号。企业名称登记依据的是《企业名称登记管理规定》，其拥有的权利为企业名称权或者商号权，与商标专用权是两个不同的法律体系。商标权属于知识产权，是指商标权人依法对自己的注册商标所享有的占有、使用、收益、处分的权利。而企业名称权属于人格权，是指经核准登记的企业对其企业名称在核准登记的区域内享有的专有权利，两种权利的载体分别来自商标与企业名称。另外，商标权是经商标局核准注册取得，地方各级工商行政管理部门无权核准或者授予商标权，只能对商标的正常使用秩序进行管理。而各地工商行政管理部门根据法律、法规的规定，却可以对本辖区内的企业的名称进行登记和管理，企业名称在县级以上工商局登记后即可取得一定地域范围内的企业名称权。当然，商标与企业名称有一些相似之处，商标是区别不同商品或者服务来源的标志，它可以由文字、图形、字母、数字、三维标志、颜色组合和声音以及上述要素的组合；而企业名称是区别不同市场主体的标志，由行政区划、字号、行业或者经营特点、组织形式构成，其中字号是区别不同企业的主要标志。商标与企业名称又有密切联系，尤其在区分本企业与其他企业、本商品与其他商品上的作用上十分类似。

本条所称的不正当竞争行为，是指经营者在生产经营活动中，违反反不正当竞争法的规定，扰乱市场竞争秩序，损害其他经营者或者消费者的合法权益的行为。《反不正当竞争法》第六条、第七条、第八条、第九条、第十条、第十一条、第十二条以列举的方式列明了反不正当竞争行为的表现形式，其中与《商标法》第五十八条所指的反不正竞争法有关的行为是指《反不正当竞争法》第六条，即经营者擅自使用与他人有一定影响的商品名称、包装、装潢等相同或者近似的标识，擅自使用他人有一定影响的企业名称（包括简称、字号等）、社会组织名称（包括简称等）、姓名（包括笔名、艺名、译名等），擅自使用他人有一定影响的域名主体部分、网站名称、网页等，其他足以引人误认为是他人商品或者与他人存在特定联系的混淆行为以及引人误认为是他人商品或者与他人存在特定联系。

本条实际上明确了商标法的适用范围，即规范商标使用以及制止商标侵权行为。针对实践中出现的"傍名牌""搭便车"现象，将他人注册商标商标或者未注册的驰名商标用作企业字号，若不存在突出使用的情形，理论上不属于商标性使用，就不存在侵犯注册商标专用权的问题，针对该种情形，商标法是无法干涉和处理的。再加上商标权和企业名称权两个权利授予的程序、部门和权利保护范围均不相同，出现企业名称权与商标权的冲突自然是在所难免。那么出现冲突以后该如何解决呢？前面讲述过商标及其司法解释均是无法干涉和处理的，那么现实中出现将他人注册商标或者未注册的驰名商标作为企业名称字号使用的现象又大量存在，也确实损害了商标注册人和未注册驰名商标权利人的合法权益，实际上也构成了不正当竞争，为此本条明确规定按照反不正当竞争法的相关规定进行处理。

第五十九条 注册商标专用权的限制

【第五十九条】注册商标中含有的本商品的通用名称、图形、型号，或者直接表示商品的质量、主要原料、功能、用途、重量、数量及其他特点，或者含有的地名，注册商标专用权人无权禁止他人正当使用。

三维标志注册商标中含有的商品自身的性质产生的形状、为获得技术效果而需有的商品形状或者使商品具有实质性价值的形状，注册商标专用权人无权禁止他人正当使用。

商标注册人申请商标注册前，他人已经在同一种商品或者类似商品上先于商标注册人使用与注册商标相同或者近似并有一定影响的商标的，注册商标专用权人无权禁止该使用人在原使用范围内继续使用该商标，但可以要求其附加适当区别标识。

本条是关于注册商标专用权限制的规定。

本条第一款和第二款所称的无权禁止他人正当使用，是指注册商标中因含有《商标法》第十一条、第十二条中规定标志的，商标注册人对此标志本身不享有专用权，他人可以在法律允许的范围内进行使用。

《商标法》第十一条规定缺乏显著性的标志不得申请商标注册，也就是说仅以商品的通用名称、图形、型号，或者直接表示商品的质量、主要原料、功能、用途、重量、数量及其他特点是不得申请商标注册的，但是并没有限制申请注册的商标不得含有商品的通用名称、图形、型号，或者直接表示商品的质量、主要原料、功能、用途、重量、数量及其他特点。现实中有些商标申请人在提出商标注册申请时，其商标中包含了指定商品的名称、图形、型号、质量、主要原料、功能、用途、重量、数量及其他特点，以及产品的产地，因此就出现了已经核准注册的商标中出现了商品的名称、图形、型号、质量、主要原料、功能、用途、重量、数量及其他特点，以及产品的产地。但是该商标注册人对此标志本身是否享有专用权呢？上述标志属于社会公共资源，不能因为注册商标含有上述标志就排除了他人的使用权，为此，本条第一款特别规定，商标注册人对于上述标志不享有专用权，无权禁止他人正当使用。

《商标法》第十二条规定了三维标注不得申请商标注册的情形，即仅有商品自身性质需要的形状、为获得技术效果而需有的商品形状或者为使商品具有实质性价值获得的形状是不能申请商标注册的，但没有限制上述标注与其他标注结合后申请商标注册的情形。上述形状之外再结合其他要素组合成新的标志，可以作为商标进行注册。在此种情形下，上述形状原本属于社会公共资源，社会成员可以自由使用，为避免产生不必要的权利冲突，为此，本条第一款特别规定，商标注册人对于上述标志不享有专用权，无权禁止他人正当使用。

第一款和第二款均规定商标注册人无权禁止他人使用，但也不是说他人可以随意使用，故本条第一款和第二款排除的是他人的正当使用。那么究竟何为正当使用呢？一方面，正当使用应当是规范使用，应当严格按照商标法、商标法实施条例及相关规定使用，不能有任何搭便车之嫌，如刻意放大字体而故意缩小自己商标的字体等应属于不正当使用；另一方面则是确有必要使用,如果不是必须使用,或者使用后容易让人产生误解的,也应当属于不正当使用。

　　第三款所称的有一定影响,是指申请商标注册以前,该他人的商标已经被相关公众所熟知。第三款赋予了在先使用人的先用抗辩权,目的是保护在先使用并具有一定市场影响力而没有提出商标注册申请的商标。我国商标法以保护注册商标为主,以保护未注册商标为辅。现实当中,确有一些未注册商标经过长期的使用取得一定的知名度,能够很好地实现商标的功能,如果仅过分强调注册商标的保护,而忽略有一定知名度的未注册商标的保护,势必会给有一定影响力商标的在先使用人的合法权益造成极大的损害。适用第三款给予有一定影响力的未注册商标的保护,应当满足以下几个条件:(1)在先使用行为应当发生在注册商标的申请日前。(2)在先使用的商标具有一定影响,这是享有在先使用抗辩权的核心条件,若仅存在在先使用,又没有任何影响,这不是商标法保护的目的,商标法的本意是鼓励商标注册,如果仅存在在先使用而没有任何影响就给予保护的话,鼓励商标注册的目的就会落空,进而工商行政管理部门通过商标管理保护消费者和经营者合法权益的目的就会落空。(3)应当使用在同一种商品或者类似商品上,且存在商标相同或者近似的情形;如果不属于同一种商品或者类似商品的,商标注册人也无权禁止他人使用;商标不相同也不近似,商标注册人也无权禁止他人使用。(4)在先使用人可以在原有范围继续使用,此处的使用人包括在先商标拥有人的使用行为,也包括使用许可行为,故原有范围不但包括在先商标拥有人的使用范围,也应当包括使用许可人的使用范围。

　　第三款规定的目的在于充分发挥商标资源的作用,不能因为没有进行商标注册而忽视对一些有相当影响的商标甚至驰名商标的保护，尤其是一些老字号或在一些地方颇具影响力的商标。本条款虽规定在先使用人可以在原有范围继续使用，但若这些使用行为仍然会导致相关消费者与商标注册人产生混淆，商标注册人可以根据实际需要请求在先使用人在其商标上附加一定区别标识，便于相关消费者根据商标就能正确区分商品和服务的提供者。

第六十条 侵权的处理

【第六十条】有本法第五十七条所列侵犯注册商标专用权行为之一，引起纠纷的，由当事人协商解决；不愿协商或者协商不成的，商标注册人或者利害关系人可以向人民法院起诉，也可以请求工商行政管理部门处理。

工商行政管理部门处理时，认定侵权行为成立的，责令立即停止侵权行为，没收、销毁侵权商品和主要用于制造侵权商品、伪造注册商标标识的工具，违法经营额五万元以上的，可以处违法经营额五倍以下的罚款，没有违法经营额或者违法经营额不足五万元的，可以处二十五万元以下的罚款。对五年内实施两次以上商标侵权行为或者有其他严重情节的，应当从重处罚。销售不知道是侵犯注册商标专用权的商品，能证明该商品是自己合法取得并说明提供者的，由工商行政管理部门责令停止销售。

对侵犯商标专用权的赔偿数额的争议，当事人可以请求进行处理的工商行政管理部门调解，也可以依照《中华人民共和国民事诉讼法》向人民法院起诉。经工商行政管理部门调解，当事人未达成协议或者调解书生效后不履行的，当事人可以依照《中华人民共和国民事诉讼法》向人民法院起诉。

本条是关于商标侵权行为处理的规定。

商标侵权行为是市场经济发展到一定程度的产物，不但会淡化注册商标的知名度，一定程度上也会打击商标注册人使用商标并投入巨额成本宣传商标的积极性，更加不利于市场经济的发展。商标侵权行为能扰乱商标市场秩序，使商标权利人的权益受到重大损失，也损害消费者的利益，必须进行制止。从本条的设置来看，商标侵权行为发生时，被侵权人，即注册商标专用权人或者使用许可人可以通过与被控侵权人协商调解，请求工商行政管理部门处理或者向人民法院起诉等三种方式维护注册商标专用权。

本条第一款所称的协商解决，是指通过协商的方式处理因商标侵权行为引起的纠纷。

第一款所称向人民法院起诉，是指商标权利人通过向人民法院提起诉讼的方式维护其合法权益。侵犯注册商标专用权行为引起纠纷后，当事人不愿意协商，或者协商后无法达成协议的，可以向人民法院起诉，商标注册人或者利害关系人在认定侵权行为成立并收集相应的侵权证据和造成损失的证据后依据《中华人民共和国民事诉讼法》提出民事诉讼，其中原告为商标注册人或者利害关系人，被告为可能给商标权利人造成损失的生产者、销售者以及其他为侵权提供帮助的行为人。受理法院为侵权行为地或者被告所在地有管辖权的人民法院。侵权行为地包括侵权行为实施地、侵权商品储藏地、查封扣押地，对涉及不同侵权行为实施地的多个被告提起的共同诉讼，各个被告所在地的人民法院均有管辖权。诉讼请求为停止侵权，赔偿损失，承担连带责任等。

本条所称的请求工商行政管理部门处理，是指商标权利人通过请求工商行政管理部门对商标侵权行为进行处理，以维护其合法权益。商标注册人或者利害关系人请求工商行政管理部门处理时，应当向被告所在地或者侵权行为地的地方工商行政管理部门申请，请求其对商品侵权行为进行处理。

工商行政管理部门收到申请后会启动行政力量介入，其处理效率和处理方式都较为快捷，尤其是在证据不是确实充分的情况下，借助行政手段介入以取得有效的侵权证据是十分必要的。

第一款规定的三种处理方式并没有先后顺序，进行协商并不是前置程序，商标注册人或者利害关系人可以根据实际需要决定是先协商解决，还是请求工商行政管理部门处理，无果后再向人民法院起诉。但是从提高维权效率和降低成本以及取证的角度出发，实践当中，可以先请求工商行政管理部门处理，这样有助于取得一些强有力的证据。若能够通过行政部门的处理达到商标权人的诉求，则无需通过诉讼。

第二款规定的是工商行政管理部门认定商标侵权行为成立时，可以行使的职权为：一是责令立即停止侵权行为，二是没收、销毁侵权商品和专门用于制造侵权商品、伪造注册商标标识的工具，三是可处以罚款。

第二款所称的侵权行为成立，是指工商行政管理部门依据商标法及相关司法解释的规定，对是否为使用在同一种商品或者类似商品上以及是否为商品性使用进行判定，符合《商标法》第五十七条及司法解释规定的侵权行为的，即认定侵权行为成立。侵权行为成立是工商行政管理部门进行行政处理的前提。

第二款所称的责令立即停止侵权行为，是指工商行政管理部门在认定商标侵权行为成立时，应当作出立即停止侵权行为的决定，并通知侵权人，要求其立即停止正在进行的生产、制造、销售、使用等侵害商标专用权的行为。

第二款所称的没收、销毁侵权商品和主要用于制造侵犯商品、伪造注册商标标识的工具，是指工商行政管理部门依据法律规定，将侵权人通过侵权行为获得的商品，或者实施侵权行为所使用的工具予以没收或者销毁的处罚措施。

第二款所称的违法经营数额，是指经过交易关系产生的销售数额，未销售的商品金额不计入该经营数额。计算违法经营数额时可以参考《商标法实施条例》第七十八条的规定，如侵权商品的销售价格，未销售侵权商品的价格，已查清侵权商品实际销售的平均价格，被侵权商品的市场中间价格，侵权人因侵权所产生的营业收入以及其他能够合理计算侵权商品价值的因素等。

第二款所称的罚款，是指以违法经营额为基准，强制要求侵权行为缴纳一定数额货币的处罚措施。如条第二款规定，侵权人没有违法经营额或者所得违法经营额不足五万元的，处二十五万元以下的罚款；侵权人所得违法经营额五万元以上的，可以处违法经营额五倍以下的罚款。

第二款所称的从重处罚，是指为了从严惩治商标侵权行为和打击恶意侵权行为，侵权人五年内实施两次以上商标侵权行为或者有其他严重情节的，应当给予更为严厉的处罚。

本条所称的销售不知道是侵害注册商标专用权，是指侵权人在对外销售商品时，不知道也不应当知道其所销售的商品侵害了商标注册人的商标专用权。认定商标侵权不以存在故意为前提，特别是在销售环节，若明知为侵权商品仍然进行销售的，构成犯罪的，依法应当承担刑事责任。但不知道所销售的商品为侵权商品是否需要承担责任呢？本条第二款给出了答案，即确有证据证明该商品是自己合法取得并说明提供者的，可以不承担赔偿责任，但应停止销售。从这一点上看，虽然不知道是侵权商品而予以销售的行为肯定是侵犯注册商标权的行为，因其主观上并非恶意，更没有侵犯他人注册商标专用权的意思表示，关键在于其取得商品时也支付了对价，其主观上是为了购买正品，故一定程度上该销售者同时也是受害者，让其承担赔偿责任有失公平原则，因此，该款只是规定要求其停止销售并没有要求其承担赔偿责任。实践当中，销售者如何证明其合法取得呢？对此，《商标法实施条例》第七十九条规定了合法取得的情形，如由供货单位签章的供货清单和货款收据且经查证属实或者供货单位认可的，由供销双方签订的进货合同且经查证已真实履行的，有合法进货发票且发票记载事项与涉案商品对应等情形，但是实务当中仍然存在许多问题。随着互联网技术的发展，通过网络进行销售的现象非常普遍，多数情况下是无法取得有效的合同、送货单、发票，更不可能取得售卖者的认可，所以《商标法实施条例》第七十九条看似清楚明了，但可执行性不强。侵权人认为没有侵犯注册商标专用权或者认为工商行政管理部门的处理决定不正确的，可以申请行政复议或者提起行政诉讼进行救济。

　　本条所称的赔偿数额有争议，是指侵权行为成立的情况下，侵权人与商标权利人无法就赔偿数额达成一致。对于赔偿数额双方没有达成一致的，双方均可以请求工商行政管理部门进行调解，工商行政管理部门调解后可能出现两种情况，一是达成调解协议不履行，二是根本没有达成调解协议。无论是达成赔偿协议不履行或者是无法达成赔偿协议的，商标权利人可以直接向人民法院提出民事诉讼解决。工商行政管理的调解行为不具有行政强制力，其调解行为本身不具有可诉性，请求工商行政管理部门调解更不是必经程序，那么当事人自行达成的调解协议且在工商行政管理部门的主持下达成的调解协议在民事诉讼中是否可以作为证据使用呢？答案是肯定的，因该协议是双方真实意思的表示，没有任何无效和撤销的情形，可以作为民事诉讼中赔偿损失的证据使用。

第六十一条　侵权查处及司法移送

【第六十一条】对侵犯注册商标专用权的行为，工商行政管理部门有权依法查处；涉嫌犯罪的，应当及时移送司法机关依法处理。

本条是关于商标侵权查处及司法移送的规定。

本条所称的侵犯注册商标专用权的行为，是指《商标法》第五十七条、商标法实施条例以及司法解释所列的侵权行为。

本条所称的有权依法查处，是指工商行政管理部门依职权对侵犯注册商标专用权的行为进行处理。所谓的有权，依据《商标法》第六十条的规定，是指认定侵权行为成立的，地方工商行政管理部门可以责令停止侵权行为，没收、销毁侵权商品和主要用于伪造或者擅自制造注册商标标识的工具。依据《商标法》第六十二条的规定，还可以行使的职权为："（一）询问有关当事人，调查与侵犯注册商标专用权有关的情况；（二）查阅、复制与侵权有关的合同、账簿、发票以及其他有关资料；（三）对侵犯注册商标专用权场所实施检查；（四）检查与侵犯注册商标专用权的商品，有证据证明的可以查封和扣押。"

本条所称的涉嫌犯罪，是指根据现有证据，能够认定侵犯注册商标专用权的行为已达到刑法规定的犯罪构成要件，即《刑法》第二百一十三条、第二百一十四条、第二百一十五条规定的假冒注册商标罪和销售假冒注册商标的商品罪以及非法制造、销售非法制造的注册商标标识罪。其对应的侵权行为是《商标法》第五十七条的第（一）项、第（三）项、第（四）项，其中对于销售侵犯注册商标专用权商品的行为，构成犯罪的必要条件须是"明知"，即明知侵犯注册商标专用权的商品仍然进行销售，存在主观故意。其中假冒注册商标罪的立案标准是违法所得数额在二万元以上的；销售假冒注册商标的商品罪的立案标准是违法所得数额在二万元以上的；非法制造、销售非法制造的注册商标标识罪的立案标准为违法所得数额在一万元以上的。

本条所称的司法机关，是指当地有管辖权的公安机关。

工商行政管理部门作为商标管理工作的行政主管部门，依法查处侵犯注册商标专用权的行为，是法律赋予的一项重要职权。依据本条的规定，其只能对侵犯注册商标专用权的行为进行行政处理，但没有刑事执法权。工商行政管理部门在依法履行这项法定职责时，必然会遇到涉嫌犯罪的侵犯注册商标专用权的行为，工商行政管理部门除了进行行政处罚外，并不能起到有效处理和震慑侵权行为的作用，为此，本条规定工商行政管理部门应当及时将案件移送司法机关处理，以利于打击侵犯注册商标专用权的犯罪行为。

第六十二条　有权处理部门的职权

【第六十二条】县级以上工商行政管理部门根据已经取得的违法嫌疑证据或者举报，对涉嫌侵犯他人注册商标专用权的行为进行查处时，可以行使下列职权：

（一）询问有关当事人，调查与侵犯他人注册商标专用权有关的情况；

（二）查阅、复制当事人与侵权活动有关的合同、发票、账簿以及其他有关资料；

（三）对当事人涉嫌从事侵犯他人注册商标专用权活动的场所实施现场检查；

（四）检查与侵权活动有关的物品；对有证据证明是侵犯他人注册商标专用权的物品，可以查封或者扣押。

工商行政管理部门依法行使前款规定的职权时，当事人应当予以协助、配合，不得拒绝、阻挠。

在查处商标侵权案件过程中，对商标权属存在争议或者权利人同时向人民法院提起商标侵权诉讼的，工商行政管理部门可以中止案件的查处。中止原因消除后，应当恢复或者终结案件查处程序。

本条是关于工商行政管理部门在查处商标侵权行为可以行使的职权以及中止查处的规定。

本条第一款所称的县级以上工商行政管理部门，是指有权查处侵犯注册商标专用权行为的主体。只有县级以上工商行政管理部门，也就是县级以上的市场监督管理部门才能成为查处侵权行为的主体，县级以下如乡镇级别的市场监督管理所是没有权利查处侵犯注册商标专用权行为的。查处的依据是根据县级以上工商行政管理部门已经取得的违法嫌疑证据，或者是当事人的举报进行查处。

本条所称的违法嫌疑证据，是指能够证明侵权行为成立的证据，依据《中华人民共和国民事诉讼法》第六十三条列明的证据种类，违法嫌疑证据的类型包括侵权人单方陈述、书证、物证、视听资料、证人证言、当事人的陈述、鉴定结论、勘验笔录以及其他具有法律效力的证据等基本能够证明行为人实施了侵犯他人注册商标专用权行为的客观存在的事实。

本条所称的当事人举报，是指任何单位和个人发现侵犯注册商标专用权行为均可以通过书面或者口头形式向县级以上工商行政管理部门检举、报告有关侵犯注册商标专用权行为的情况，县级以上工商行政管理部门接到当事人申请，根据当事人提供的侵权线索应当进行查处，并对是否侵犯注册商标专用权作出认定。

第一款第（一）项所称的询问有关当事人，依据《商标法释义》第六十二条，是指县级以上工商行政管理部门查处侵犯注册商标专用权时，有权询问当事人，调查与侵犯他人注册商标专用权有关的情况❶。

第一款第（二）项所称的查阅、复制，依据《商标法释义》第六十二条，是指县级以上工商行政管理部门查处侵犯注册商标专用权行为时，有权查阅、复制当事人与侵权活动

---

❶ 商标法释义［EB/OL］．［2020-02-10］．http://www.npc.gov.cn/zgrdw/npc/flsyywd/minshang/2013-12/24/content_1819922.htm.

有关的合同、发票、账簿以及其他有关资料❶。这些资料是嫌疑侵权人在从事生产经营活动过程中产生的与经营活动有关的资料与凭证。县级以上工商行政管理部门可以审查这些资料,判定当事人是否侵犯了注册商标专用权,这也是工商行政管理部门进行行政处罚的依据。

第一款第(三)项所称的实施现场检查,依据《商标法释义》第六十二条,是指县级以上工商行政管理部门查处侵犯注册商标专用权行为时,有权检查相关的现场或物品❷。也即可以到当事人从事生产经营活动与侵权行为相关的场所进行现场检查,对于与侵权行为无关的住所及其他场所,不得实施现场检查,当事人也可以拒绝工商行政管理部门进行检查。

第一款第(四)项所称的查封,依据《商标法释义》第六十二条,是指对侵权物品采用张贴封条等措施,就地封存,未经许可不得启封、转移或者动用❸。

第一款第(四)项所称的扣押,依据《商标法释义》第六十二条,是指对侵权物品采取移至踏出予以扣留封存的措施❹。

明确上述职权使工商行政管理部门能够非常有效的查处侵犯商标专用权的行为,这也是商标注册人或者利害关系人认为他人侵犯其注册商标专用权,尤其是在侵权行为证据不充足时,优先请求工商行政管理部门进行处理的原因。

第二款所称的协助、配合,是指县级以上工商行政管理部门依法行使职权受法律保护,其在行使职权时,有关当事人给予帮助和协助,必要时提供相关信息。

---

❶❷❸❹ 商标法释义 [EB/OL]. [2020-02-10]. http://www.npc.gov.cn/zgrdw/npc/flsyywd/minshang/2013-12/24/content_1819922.htm.

第二款所称的不得拒绝、阻挠,是指县级以上工商行政管理部门在查处侵权行为时,当事人不得拒绝和阻挠工商行政管理部门依法行使职权,如拒绝接受询问,拒绝查阅、复制有关资料,妨碍工作人员进入办公场所进行现场检查等。

第三款所称的存在权属争议,是指涉案注册商标权属正在商标局、商标评审委员会或者人民法院诉讼中,处理结果可能影响案件定性的。工商行政管理部门在查处侵害注册商标专用权行为时,当事人认为商标注册人或者利害关系人没有相应的商标权或者商标已经被撤销、注销或者期满未续展的情形以及其他单位或者个人就注册商标专用权提出撤销、无效等程序,商标注册人的注册商标专用权处于不稳定的状态,随时都有可能被撤销、无效或者被注销等情形。商标权属存在争议的情况下,工商行政管理部门仍坚持注册商标专用权有效为前提进行侵权行为查处时,有可能给当事人造成难以弥补的损失,故为了慎重起见,尤其是在工商行政管理部门或者嫌疑侵权人认为注册商标专用权可能存在不稳定的情形时,应当作出中止处理的决定,待商标权属明确以后,再对是否继续查处侵权行为作出恢复或者终止的决定。当然,如果工商行政管理部门认为嫌疑侵权人提出商标权属的问题没有任何争议,可以确认注册商标专用权的归属,也可以不中止查处程序。

第三款所称的同时向人民法院起诉,是指商标权利人基于商标侵权行为直接向人民法院提起侵犯注册商标专用权诉讼时,依据法律规定,应当终止查处程序。因商标法并没有规定行政处理与诉讼处理的先后顺序,故商标权利人可以根据实际情况选择具体维权方式。实际上,当商标权利人直接提起侵犯注册商标专用权诉讼时,工商行政管理部门就没有必要再进行处理了。针对一个侵权行为,不可能既有工商行政管理部门进行处理，又有人民法院进行审判，这在处理结果上会产生冲突。为此，本条第三款明确规定商标注册人或者利害关系人提出侵犯注册商标权诉讼时，工商行政管理部门应当终结审查程序。

第六十三条 侵权赔偿数额

【第六十三条】侵犯商标专用权的赔偿数额,按照权利人因被侵权所受到的实际损失确定;实际损失难以确定的,可以按照侵权人因侵权所获得的利益确定;权利人的损失或者侵权人获得的利益难以确定的,参照该商标许可使用费的倍数合理确定。对恶意侵犯商标专用权,情节严重的,可以在按照上述方法确定数额的一倍以上五倍以下确定赔偿数额。赔偿数额应当包括权利人为制止侵权行为所支付的合理开支。

人民法院为确定赔偿数额,在权利人已经尽力举证,而与侵权行为相关的账簿、资料主要由侵权人掌握的情况下,可以责令侵权人提供与侵权行为相关的账簿、资料;侵权人不提供或者提供虚假的账簿、资料的,人民法院可以参考权利人的主张和提供的证据判定赔偿数额。

权利人因被侵权所受到的实际损失、侵权人因侵权所获得的利益、注册商标许可使用费难以确定的,由人民法院根据侵权行为的情节判决给予五百万元以下的赔偿。

人民法院审理商标纠纷案件,应权利人请求,对属于假冒注册商标的商品,除特殊情况外,责令销毁;对主要用于制造假冒注册商标的商品的材料、工具,责令销毁,且不予补偿;或者在特殊情况下,责令禁止前述材料、工具进入商业渠道,且不予补偿。

假冒注册商标的商品不得仅去除假冒注册商标后进入商业渠道。

本条是关于侵犯注册商标专用权赔偿数额计算方式以及侵权商品处理方法的规定。

本条第四款和第五款属于2019年《商标法》修改新增加的内容,第一款和第三款在2019年《商标法》修改前进行了修改;其中在第一款中将"一倍以上三倍以下"修改为"一倍以上五倍以下",第三款中将"三百万以下"修改为"五百万以下"。

第一款所称的赔偿数额,是指依据商标法规定,被控侵权人应当赔偿的数额相当于因侵犯注册商标专用权给商标权利人所造成的损失。为明确赔偿数额的计算标准,该款明确规定了侵犯注册商标专用权损失赔偿的三种计算方法,该三种方法按照相应的顺序,分别为:以被侵权人实际损失进行确定;当被侵权人实际损失无法确定时,则是以侵权人因侵权所获得的利益进行确定;当侵权人所获利益和权利人的损害均无法确定的,则可以按照使用许可费用的合理倍数进行确定。

第一款所称的被侵权所受到的损失,是指商标权利人因侵权行为所受到的实际损失。依据2002年10月16日施行的《最高人民法院关于审理商标民事纠纷案件适用法律若干问题的解释》第十五条的规定,权利人因被侵权所受到的损失,可以根据权利人因侵权所造成的商品销售减少量或者侵权商品销售量与该注册商品的单位利润乘积进行计算。实践中如何认定销售量减少是一个难点,销售量的减少可能是市场需求减少,或者权利人自身经营策略因素等原因造成的。

销售量减少的计算是以侵权行为发生时权利人上月度或者上年度的销售量为基准点,还是以起诉时权利人上月度或者上年度的销售量为基准点,无论是商标法还是当前的司法解释均没有予以明确。适用该种计算方式,权利人不但要证明其实际损失,还要证明该实际损失与侵权人的侵权行为存在因果关系,这对权利人来说存在一定的证明难度。另外,侵权人故意低于成本价销售侵权商品时,均会对权利人的市场份额造成挤压,从而侵害权利人市场利益,最终导致权利人的损失。此种情况下是无法计算出权利人的损失的。

第一款所称因侵权所获得的利益,是指侵权人通过侵害商标权利人的商标权,因商品销售量增加而获得收益。依据2002年10月16日施行的《最高人民法院关于审理商标民事纠纷案件适用法律若干问题的解释》第十四条的规定,侵权人所获得的利益,"可以根据侵权商品的销售量与该商品单位利润乘积进行计算;该商品单位利润无法查明的,按照注册商标商品的单位利润进行计算"。因该计算方式强调的是侵权人所获得的利益,故应当不包含侵权商品未出售的情形,也应当不包含侵权人亏本销售,即低于成本价销售的情形。如前所述,若在侵权人低于成本价进行销售,侵权人没有因此获得利益时,权利人的损失也无法直接计算。

第一款所称的商标使用许可费的合理倍数,是指侵权行为发生时,在侵权人所获利益以及权利人的损失均无法确定的情况下,以商标使用许可使用费的合理倍数确定赔偿数额。就商标使用许可来说,实践中存在大量商标使用许可的情况,依据《商标法》第四十三条的规定,使用许可人应当将其商标使用许可情况向商标局备案,这属于管理性条款,不具有强制性,未经备案的,也不影响使用许可合同的效力。再加上实际商标权利人的法律意识淡薄,没有进行商标使用许可备案的法律意识，导致实践中大量的商标使用许可合同都没有进行备案。没有经过备案的商标使用许可合同在审判实践中人民法院一般不予采信，因为其无法核实商标使用许可合同的真实性、合法性及关联性，尤其是使用许可费用数额更是无法核实，有时是商标注册人或者利害关系人为提起侵犯注册商标专用权的需要而补签或者伪造的使用许可合同。即便是经过备案的商标使用许可合同，有时因其中约定的使用许可费的数额偏高也没有人民法院采信，这涉及注册商标的知名度及市场影响力与使用许可费用数额是否相适应的问题。从有效保护注册商标专用权、严厉打击侵犯注册商标专用权的角度出发，人民法院应当采信经过备案的注册商标使用许可合同的内容约定，否则就会打击权利人进行商标许可使用备案的积极性，如此一来，《商标法》第四十三条规定使用许可合同备案就没有任何实际意义了。另外，该款关于赔偿数额的确定是参照使用许可费用的合理倍数进行计算，并没有限定合理倍数的上限数值，从而给法官在审判实践中根据侵权行为的实际情况以及情节严重程度来确定具体的赔偿数额的可能，有利于更为充分地保护商标权利的合法利益。

第一款所称的一倍以上五倍以下，是指恶意侵犯注册商标专用权的，确定损失赔偿数额的范围。认定侵犯商标专用权的行为虽不是以侵权人存在主观故意为前提，但是实践中存在大量的故意侵犯他人注册商标专用权的行为，有时甚至多次侵权或者明知侵害了权利人的商标权利，仍然实施该行为，属于恶意侵权，这是一种严重违反诚实信用原则的行为，应该给予更为严厉的处罚。为此该条规定，应当按照上述三种方式计算的数额的一倍以上五倍以下确定赔偿数额。"一倍以上五倍以下"属于 2019 年《商标法》修改的内容，原来的表述为"一倍以上三倍以下"，将该上限提高有助于加大商标侵权的惩处力度,有效制止、打击侵犯注册商标专用权的行为。

第一款所称的为制止侵权行为所支出的合理开支,是指侵犯商标权赔偿数额中,应当包括权利人或者委托代理人对侵权行为进行调查、取证的合理费用以及人民法院根据当事人的诉讼请求和案件具体情况所产生的律师代理费。该款规定的意义在于鼓励权利人行使诉权,即发现侵犯注册商标专用权行为时及时提出侵权诉讼,一是维护了权利人自身的合法权利,二是维护了商标管理秩序,最终也保障了消费者的合法权益。该款以及《最高人民法院关于审理商标民事纠纷案件适用法律若干问题的解释》第十七条关于合理开支的规定应当包含在赔偿数额内的规定是非常明晰的,但是审判实践中仍存在着合理开支不能被完全支持的情形。该款的合理费用如何理解,审判实践支持的边界在哪里还不十分清晰,通常的理解是,只要进行调查取证的费用在物价局、公证部门等价格标准范围内并出具了对应的凭证如车票、发票以及其他法定凭证或者相关部门出具的收据,人民法院一般情况下都给予支持。但对于律师代理费部分,虽然司法解释明确应当包含在赔偿损失的范围内,也就是说律师代理费肯定可以获得人民法院的支持。但有时法院认为律师代理费收费偏高,律师的实际付出与其收取的代理费不对称,因此这部分费用由法院再行决定。实际上,律师代理费的数额只要在当地物价部门发布的收费标准范围内,均应当得到人民法院的支持。律师代理费收费标准是当地物价部门发布的参考依据,具有公信力,至少不存在乱收费或者不合理收费的情形,人民法院没有必要对该部分费用进行自由裁量,应当从鼓励当事人起诉、惩治侵权人以及维护良好的商标律师代理环境出发,全额支持依据物价部门发布的收费标准相适应的律师代理费。

第二款所称的参考权利人的主张和所提供的证据，是指在确定赔偿数额时，以权利人的主张和所提供的证据为基础，综合相关因素确定赔偿数额。本款是关于人民法院在审理商标权纠纷案件中关于证明责任分配的问题及拒绝提供的法律后果的规定，即在权利人尽力举证而涉及侵权行为的合同、发票、账簿等资料由侵权人掌握时，人民法院可以要求侵权人提供。在商标侵权纠纷的审理过程中，涉及侵权赔偿数额计算的部分，尤其是侵权人所获利益作为损失赔偿额的计算方式时，相关的合同、发票以及账簿等记录侵权重要经济活动的资料均是在侵权人的控制之下，商标注册人或者利害关系人是无法掌握和提供的，在此情形下，为更加准确地调查清楚侵权所获利益，也为了避免过高估计侵权人所获利益，人民法院可以要求侵权人提供与侵权行为有关资料。实践中可能因为侵权所获利益偏高，再加上权利人所提出的证明侵权人获利的证据显示数额偏低，在此情况下，侵权人是不愿意提出真实的与侵权行为有关的合同、发票以及账簿资料的，故侵权人可能会拒绝提供或者即使提供也会提供虚假的资料，无论是侵权人拒绝提供还是提供虚假的资料都不能使人民法院查清其所获利益，人民法院就只能根据权利人的诉求以及提供的证据来支持权利人的主张，权利人能够提供的证据可能包括其从公开途径获取的侵权获利的资料，以及因侵权人的侵权行为所受到的损失和商标使用许可费等作为要求侵权赔偿的证据。

第三款所称的五百万以下，是指人民法院在无法查清权利人的损失，侵权人所获利益以及商标使用许可费数额的情况下，确定赔偿数额的法定额度。适用该法定额度确定赔偿数额，当事人可以在诉讼中提出请求，法官也可以在案件的审理中依职权决定适用。在确定具体案件的赔偿数额时，要考虑以下因素：商标权的知名度、侵权行为的性质和情节等，如侵权人是故意还是过失，侵权行为持续的时间、范围、后果以及注册商标是否有被认定为驰名商标的记录等进行综合认定。关于法定赔偿额度的法律规定，2019年《商标法》修改时将"三百万以下"的法定赔偿额直接变更为"五百万以下"的法定赔偿额度，这也充分展现了国家规范商标使用管理秩序、制止侵权行为以及有效惩治商标侵权的决心。另外，随着经济社会的发展，商标价值和宣传成本越来越高，只有不断提高法定赔偿限额才能有效维护商标注册人或者利害关系人的注册商标专用权。从本条规定来看，本条规定的法定赔偿额并非优先使用，应当是在侵权人所获利益、权利人的损失以及商标使用许可费用的数额均无法确定的情况下才可以使用。审判实践中，权利人提起侵权诉讼要求赔偿均是请求人民法院以本条款规定的法定限额作为赔偿标准和参考依据，原因很简单，那就是侵权人所获利益以及权利人的实际损失取证难度和证明难度都很大，即便取得也不定会得到法庭的认可，再加上商标侵权判赔数额都不高，虽然当前的一些商标侵权案件也出现高赔偿额的判决，但毕竟不是常态。权利人通常认为巨大的取证难度，尤其是损失的证明难度与其实际支出不成比例，不愿意花费大量的精力在证明侵权人的获益和自身所受损失上，目的也不是获得高额的赔偿，多数是处于商业目的的考虑，即保护商标专用权，故多数情况下权利人均是以法定限额请求赔偿损失。

综上，本条第一款、第二款、第三款规定了四种侵权损失赔偿额的计算方式和使用顺序，也成为人民法院在审判实践中确定商标侵权赔偿额的主要依据，为司法实践提供了一般的指导原则。

第四款所称的责令销毁，是指对侵犯注册商标专用权的商品和主要用于制造侵权商品、擅自制造注册商标标识的工具、设备所采取的一种处置措施。该款是2019年《商标法》修改新增加的内容，主要是关于侵权商品和相应的设备、工具如何处置的规定。总体上所说，根据权利人的要求，人民法院可以责令销毁。具体为：一是对属于假冒注册商标的商品，除特殊情况外，责令销毁；二是对主要用于制造假冒注册商标的商品的材料、工具，责令销毁，且不予补偿，或者在特殊情况下，责令禁止前述材料、工具进入商业渠道，且不予补偿。责令销毁假冒注册商标的标识以及注册材料是没有任何问题的，但销毁主要用于制造假冒注册商标标识的工具应当视其专属性而定。若该工具是专门为制造假冒注册商标标识而设计的，应当销毁；若该工具仅是具有可以制造注册商标标识的一个功能而已，就不一定进行销毁。

第四款和第五款所称的禁止进入商业渠道，是指禁止主要用于制造假冒注册商标的商品的材料、工具在查获后二次进入流通领域，进行市场销售的行为，这在一定程度上也增加了侵权行为的违法成本。

本条所称的去除假冒商标，是指贴敷于侵犯商品上的商标通过一定方式消除，即将商品与商标分离的行为。该款是2019年《商标法》修改新增加的内容，即禁止将假冒注册商标的商品去除假冒商标后进入商业渠道。理论上将商品和商标分离后单独将商品投放市场不会造成消费者的混淆与误认，也不会对原商标权利人的利益造成损失，但是本款仍规定禁止进入商业渠道，更加有利于打击侵犯注册商标专用权的行为。不能进入商业渠道的商品，根据商标权利人的请求，人民法院根据实际情况责令销毁。

第六十四条　不承担赔偿责任的情形

【第六十四条】注册商标专用权人请求赔偿，被控侵权人以注册商标专用权人未使用注册商标提出抗辩的，人民法院可以要求注册商标专用权人提供此前三年内实际使用该注册商标的证据。注册商标专用权人不能证明此前三年内实际使用过该注册商标，也不能证明因侵权行为受到其他损失的，被控侵权人不承担赔偿责任。

销售不知道是侵犯注册商标专用权的商品，能证明该商品是自己合法取得并说明提供者的，不承担赔偿责任。

本条是关于不承担赔偿责任的规定。

本条第一款所称的注册商标专用权人请求赔偿，是指在侵犯商标专用权诉讼中，注册商标专用权人的诉讼请求中包含了赔偿损失的诉讼请求，该诉讼请求可以在起诉状中直接提出，也可以在诉讼进行过程中直至一审法庭辩论终结前向人民法院提出。

第一款所称的未实际使用过，是指未将注册商标使用于商品、包装、容器及商品交易文书或者用于广告宣传展览以及其他商业活动中。未实际使用过既包括注册商标专用权人未实际使用过，也包括利害关系人以及合法权利继承人未实际使用过。这里的使用行为应当符合《商标法》第四十八条规定的使用行为，如果仅有签订商标使用许可合同、拥有商标权的声明等均不属于商标法意义上的商标使用行为。从举证责任分配的角度看，被控侵权人对于其提出的注册商标专用权人未实际使用过注册商标的抗辩理由无需提供证据证明，反而是被控侵权人提出请求时，由注册商标专用权人提供其实际使用过该注册商标的证据。从本条的规定来看，是否实际使用是被控侵权人承担赔偿损失的关键因素。从该款的表述"可以"来看，是否要求注册商标专用权人提出此前三年内实际使用过该注册商标的证据并非强制性要求，由人民法院根据审理情况以及注册商标专用权人已提交的证据来判定。

第一款所称的三年，是指人民法院要求商标权人提供此前实际使用过商标的时间界限。

本条所称的未实际使用过注册商标为由提出抗辩，是指在商标侵权诉讼中，权利人未实际使用过注册商标可以作为不赔偿损失的法律事由。该抗辩事由可抵消或者冲抵注册商标专用权人的部分诉讼请求。

第一款所称的不承担赔偿责任，是指在权利人不实际使用注册商标的情况下，因权利不存在实际损失，失去了赔偿损失的法律和事实依据。自然人、法人或者其他组织在生产经营活动中需要取得注册商标专用权的，应当申请商标注册。经核准注册后，商标注册人应当将注册商标投入使用，只有使用才可以让商标的生命延续，才能达到区分商品和服务来源的作用。如果申请了商标注册但不使用，不但浪费了有限的商标资源，更不能发挥商标应有的功能。故注册商标专用权人既不能证明其实际使用过商标，也不能证明因侵权行为而遭受其他损失的，赔偿损失反而成为了权利人谋利的工具。同时，在我国民事侵权理论中有关损失赔偿采用的是"填平"原则，而不是对侵权人实行"惩罚性"赔偿原则，在此情况下，如果再要求侵权人对注册商标专用权人进行赔偿就有失公平。在权利人无法证明此前三年内未实际使用商标或者也不能证明因侵权行为有其他损失的,商标法作出了侵权不承担责任的规定。

本条第二款不知道是侵犯注册商标专用权的商品,是指被控侵权人对所销售的商品是否侵犯注册商标专用权,主观和客观上是不知情的。是否知道所销售的商品侵犯注册商标专用权是被控侵权人承担赔偿责任的关键因素,应当通过客观因素进行判断。

第二款所称的合法取得,是指被控侵权人是通过合法途径取得商品,并能够提供证明交易关系存在的相关证据。《商标法实施条例》第七十九条规定了合法取得的情形,如由供货单位签章的供货清单和货款收据且经查证属实或者供货单位认可的,由供销双方签订的进货合同且经查证已真实履行的,有合法进货发票且发票记载事项与涉案商品对应的情形等,但是实务中仍然存在许多问题,随着互联网技术的发展,通过网络进行销售的现象非常普遍,多数情况下是无法取得有效的合同、送货单、发票,不可能取得售卖者的认可,故仅以上述材料判断是否为合法取得,在实践中有一定局限性。

第二款所称并说明提供者,依据《商标法释义》第六十四条,是指销售者能够说明进货商品的提供者的姓名或者名称、住所以及其他线索,并且能够查证属实的❶。

第二款所称的不承担赔偿责任,是指被控侵权人不知道所销售商品侵犯商标专用权,能证明商品是合法取得并说明提供者的,不对权利人的损失承担赔偿责任。依照该款和《商标法》第五十七条第(三)项的规定,销售侵犯注册商标专用权的商品的,属于侵犯注册商标专用权的行为。如果

---

❶ 商标法释义 [EB/OL]. [2020-02-10]. http://www.npc.gov.cn/zgrdw/npc/flsyywd/minshang/2013-12/24/content_1819922.htm.

行为人明知或者应当知道其所销售的商品，是属于侵犯他人注册商标专用权的，仍然进行销售，则属于主观上具有故意或者过失的过错，应当依法承担相应责任。此种情况下还可能被追究刑事责任。但如果销售者主观上没有过错，其主观意图就是购买标识有注册商标专用权人的商品，因该售出商品的提供者原因导致销售者售出的商品是侵犯注册商标专用权的商品，该销售者没有"售假"的故意，不具有主观恶性，其不知道也不应当知道自己所销售的商品侵犯他人注册商标专用权，如果判决该销售者承担赔偿责任，从民法的角度来看，有失公平原则，同时也可能会给整个社会的商业交易带来巨大的成本。

第六十五条 诉前禁令和财产保全

【第六十五条】商标注册人或者利害关系人有证据证明他人正在实施或者即将实施侵犯其注册商标专用权的行为,如不及时制止将会使其合法权益受到难以弥补的损害的,可以依法在起诉前向人民法院申请采取责令停止有关行为和财产保全的措施。

本条是关于商标侵权诉讼的诉前禁令和财产保全措施的规定。

本条只有一条,但包含了很多的内容。针对《商标法》第六十五条及第六十六条,最高人民法院还专门作出了司法解释,即2002年1月22日施行的《最高人民法院关于诉前停止侵犯注册商标专用权行为和保全证据适用法律问题的解释》,其中对申请主体、证据、时间、申请内容、管辖法院、担保等都进行了解释。《民事诉讼法》第一百零一条对诉前财产保全进行了明确规定,商标法在此基础上再进一步明确,即商标注册人或者利害关系人对商标纠纷案件可以依法在起诉前向人民法院申请采取责令停止有关行为或者财产保全的措施。

本条所称的商标注册人或者利害关系人是提出申请的主体,依据2002年1月22日施行的《最高人民法院关于诉前停止侵犯注册商标专用权行为和保全证据适用法律问题的解释》第一条的规定,商标注册人是指注册商标专用权人,利害关系人是指注册商标使用许可合同的被许可人以及注册商标财产权利的合法继承人。注册商标使用许可被许可人中,独占使用许可合同的被许可人可以单独向人民法院提出申请；排他使用许可合同的被许可人在商标注册人不申请的情况下，可以提出申请；普通使用许可的被许可人经过商标注册人的授权也可以提出申请。

本条所称的有证据证明，是指商标注册人或者利害关系人在提出申请时，应当提供证明其申请行为存在紧迫性的证据。该证据的证明标准应当达到可以证明他人正在实施或者即将实施侵犯其注册商标专用权的行为，不及时制止将会给其注册商标专用权造成难以弥补的损失。依据《民事诉讼法》第六十三条的规定，申请主体提供的证据，从证据形式看应当包括当事人的陈述、书证、物证、视听资料、电子数据、证人证言、鉴定意见、勘验笔录等；从证据的内容来看，该证据应当能够证明他人实施的商标侵权行为具有紧迫性和不可逆转性。

本条所称的正在实施，是指侵害商标专用权的行为正在进行。

本条所称的即将实施，是指为实施侵害商标专用权的行为所进行的准备工作，如招募人员、购买侵权设备、材料及工具等行为。

本条所称的受到难以弥补的损失，是指侵害商标专用权的行为具有不可逆转性，造成的损失不可能通过其他方式进行补偿或者补偿费用过高，应当立即进行制止。

本条所称的向人民法院申请，是指依法应当在起诉前向人法院提出书面申请。因侵权行为的紧迫性和不可逆转性，申请人民法院采取的责令停止有关行为和财产保全的措施属于临时性的紧急措施，如果诉讼已经在进行中的话，这种紧迫性就不复存在，即便申请人提出保全申请，也是按照《民事诉讼法》第一百条的诉讼中保全进行。依据2002年1月

22 日施行的《最高人民法院关于诉前停止侵犯注册商标专用权行为和保全证据适用法律问题的解释》第三条第一款的规定，应当递交书面申请状，申请状应当载明的内容包括："（一）当事人及其基本情况；（二）申请的具体内容、范围；（三）申请的理由，包括有关行为如不及时制止，将会使商标注册人或者利害关系人的合法权益受到难以弥补的损害的具体说明。"向人民法院提出是指应当向有管辖权的人民法院提出，即应当向侵权行为地或者被申请人住所地对商标案件有管辖权的人民法院提出。

本条所称的责令停止有关行为，是指责令停止正在侵犯注册商标专用权的行为。

本条所称的财产保全，是指人民法院根据申请人的申请，对与案件有关的财产等采取查封、扣押、冻结等强制性措施。

向人民法院申请责令停止有关行为或者财产保全措施时是否需要提供担保的问题，商标法没有进行明确规定，但是《民事诉讼法》第一百零一条和 2002 年 1 月 22 日施行的《最高人民法院关于诉前停止侵犯注册商标专用权行为和保全证据适用法律问题的解释》第六条、第七条均明确申请诉前财产保全应当提供担保。申请人不提供担保的，裁定驳回申请。并且在停止有关行为裁定过程中，被申请人可能因采取措施造成更大损失的，人民法院可以责令申请人追加相应的担保；申请人不追加担保的，可以解除有关停止措施。《民事诉讼法》第一百零四条规定："财产纠纷案件，被申请人提供担保的，人民法院应当裁定解除保全。"也就是说在普通的民事诉讼中，当被申请人提出反担保时，可以解除保全措施。但是 2002 年 1 月 22 日施行的《最高人民法院关于诉前停止侵犯注册商标专用权行为和保全证据适用法律问题的解释》第八条特别规定："侵犯注册商标专用权行为裁定所采取的措施，不因被申请人提供反担保而解除。"这并非商标纠纷案件中的特别规定，其他的知识产权纠纷案件中也有这样的规定，如专利纠纷案件中，也特别规定不因被申请人提供反担保而解除。当事人对于人民法院的裁定，可以申请复议一次，但复议期间不停止原裁定的执行。

依据《民事诉讼法》第一百零一条和2002年1月22日施行的《最高人民法院关于诉前停止侵犯注册商标专用权行为和保全证据适用法律问题的解释》第六条、第七条的规定，人民法院接到商标注册人或者利害关系人的申请后，必须在四十八小时内作出裁定；裁定采取保全措施的，应当立即开始执行。审判实践中，当人民法院接到商标注册人或者利害关系人责令停止有关行为或者财产保全措施的申请后，应当会对是否采取保全措施等进行听证，听证过程中会对是否构成侵权、侵权行为的紧迫性、侵权行为的不可逆转性进行审查并听取各方的意见，尤其是被诉侵权人的意见。若听证结果可以采取责令停止有关行为或者财产保全，人民法院应当作出裁定，并立即开始执行。同时依法要求申请人提供担保，担保可以采取保证或者抵押等形式。但实践中，知识产权案件担保，尤其是诉前保全，多数法院都要求提供现金担保，审判实践认为无论是责令停止有关行为还是诉前保全都是未经过实体审判而基于商标注册人或者利害关系人所采取的一种临时措施，有一定的风险性，尤其是对被诉侵权人来说具有非常大的风险，一旦出现临时措施错误，反过来将会给被诉侵权人造成无可挽回的损失，故要求商标注册人或者利害关系人提供现金担保有助于第一时间快速补偿被诉侵权人可能造成的损失。

《民事诉讼法》第一百零一条规定："申请人在人民法院采取保全措施后三十日内不依法提起诉讼或者申请仲裁的，

人民法院应当解除保全。"也就说商标注册人或者利害关系人在提出责令停止有关行为或者财产保全的措施并经人民法院裁定立即执行后，其提出诉讼或者仲裁的期间为三十日，自采取临时措施之日起算，否则人民法院应当解除临时措施。被诉侵权人认为其受到损失的，可以要求原申请人赔偿损失，受理法院为作出裁定采取临时措施的法院。

第六十六条　诉前证据保全

【第六十六条】为制止侵权行为，在证据可能灭失或者以后难以取得的情况下，商标注册人或者利害关系人可以依法在起诉前向人民法院申请保全证据。

本条是关于商标侵权诉讼的诉前证据保全的规定。

证据保全的诉讼制度，依据《民事诉讼法》可分为诉中证据保全和诉前证据保全。所谓诉中证据保全，是指在诉讼进行中，采取证据保全制度；所谓诉前证据保全，是指依当事人的申请，法院对有可能灭失或者以后难以取得的证据，在当事人起诉前加以固定和保护的制度，属于侵犯注册商标专用权的临时救济。《民事诉讼法》第八十一条第二款对诉前证据保全进行了明确规定，商标法在此基础上再进一步的明确，明确商标纠纷的证据保全的目的是制止侵权行为。

本条所称的制止侵权行为，是指为防止侵害注册商标专用权所造成损失的进一步扩大或者造成难以弥补的损失所采取的措施，如商标法规定的责令停止有关行为、诉前财产保全以及本条规定的诉前证据保全措施。制止侵权行为是申请证据保全的目的，若证据保全不是为了制止侵权行为，人民法院将不予准许。

本条所称的商标注册人或者利害关系人，是提出证据保全申请的主体，依据 2002 年 1 月 22 日施行的《最高人民法院关于诉前停止侵犯注册商标专用权行为和保全证据适用法律问题的解释》第一条的规定，所谓商标注册人，是指注册商标专用权人。所谓利害关系人，是指注册商标使用许可合同的被许可人以及注册商标财产权利的合法继承人。"注册商标使用许可被许可人中，独占使用许可合同的被许可人可以单独向人民法院提出申请；排他使用许可合同的被许可人在商标注册人不申请的情况下，可以提出申请"；普通使用许可的被许可人经过商标注册人的授权也可以提出申请。

  本条所称的可能灭失或者以后难以取得，是指证据保全的紧迫性。现实中，因证据本身的自然属性或者其他原因，该证据可能自然灭失，或者虽然可以取得但已经失去了原有的状态。虽然表述为可能，表面上来看仅仅是一种可能性，但是这里的可能是一种盖然的可能，而非不可能发生或者发生概率很低的可能。商标注册人或者利害关系人在提出申请时应当对是否符合证据保全的条件进行充分说明，无论是可能灭失或者以后难以取得都是指该证据因时间因素或者人为因素的不可重现性。

  本条所称的保全证据，是申请保全的内容。该证据是商标纠纷案件的核心内容，决定着商标侵权行为的成立与否。从《民事诉讼法》第六十三条规定的证据种类来看，可能灭失的证据是书证、物证以及证人证言，以后难以取得的证据是视听资料和电子数据。是否保全该证据应由人民法院根据案件需要进行审查，并作出是否保全的裁定。无论是否裁定证据保全，商标注册人或者利害关系人以及被诉侵权人均不能申请复议，这一点与《商标法》第六十五条规定的责令停止有关行为或者财产保全措施不同。人民法院作出诉前证据保全裁定的，视情况可以要求申请人提供担保。需要说明的是，这里的提供担保不一定是必须的，是否需要提供担保由法院决定。在不影响被保全人生产经营的情况下，如仅仅要求保全广告、合同、发票、账册以及价值不大的样品等证据的，法院可以不要求申请人提供担保。

本条所称的向人民法院报起诉，是指依法应当在起诉前向人法院提出书面申请。依据 2002 年 1 月 22 日施行的《最高人民法院关于诉前停止侵犯注册商标专用权行为和保全证据适用法律问题的解释》第三条第二款的规定，应当递交书面申请状，申请状应当载明的内容包括："（一）当事人及其基本情况；（二）申请保全证据的具体内容、范围、所在地点；（三）请求保全证据能够证明的对象；（四）申请的理由，包括证据可能灭失或者以后难以取得，且当事人及其代理人因客观原因不能自行调取的具体说明。"向人民法院提出是指应当向有管辖权的人民法院提出，即应当向侵权行为地或者被申请人住所地对商标案件有管辖权的人民法院提出。

《民事诉讼法》第八十一条第三款以及第一百零一条第二款和第三款规定人民法院接受申请后，必须在四十八小时内作出裁定；裁定采取保全措施的，应当立即开始执行。申请人在人民法院采取保全措施后三十日内不依法提起诉讼或者申请仲裁的，人民法院应当解除保全。也就说商标注册人或者利害关系人在人民法院作出证据保全后，其提出诉讼或者仲裁的期间为三十日，自作出证据保全之日起算，否则人民法院应当解除证据保全；被诉侵权人认为其受到损失的，可以要求原申请人赔偿损失，受理法院为作出裁定证据保全的法院。

第六十七条 刑事责任

【第六十七条】未经商标注册人许可,在同一种商品上使用与其注册商标相同的商标,构成犯罪的,除赔偿被侵权人的损失外,依法追究刑事责任。

伪造、擅自制造他人注册商标标识或者销售伪造、擅自制造的注册商标标识,构成犯罪的,除赔偿被侵权人的损失外,依法追究刑事责任。

销售明知是假冒注册商标的商品,构成犯罪的,除赔偿被侵权人的损失外,依法追究刑事责任。

本条是关于商标侵权刑事责任的规定。

本条第一款、第二款、第三款所称的除赔偿被侵权人的损失外,是指依据本条的规定,依法追究侵犯他人注册商标专用权行为的刑事责任,侵权人还应当赔偿因此给商标权利人所造成的损失。

第一款所称的构成犯罪,是指未经商标注册人许可,在同一种商品上使用与他人注册商标相同的商标,依据《刑法》第二百一十三条的规定,应当构成假冒注册商标罪,构成此罪需满足如下要件:

(1) 犯罪客体为破坏社会主义市场经济秩序,违反国家商标管理法规,侵害他人的注册商标专用权。

(2) 犯罪主体为单位和自然人,即任何单位或者个人均可以是侵犯注册商标专用权的主体。

(3) 客观方面为未经商标注册人许可,在同一种商品上使用与注册商标相同的商标的行为。《商标法》第五十七条规定，未经商标注册人许可，在同一种或者类似商品上使用与他人注册商标相同或者近似商标的行为均为侵犯注册商标权的行为，均属于侵犯注册商标专用权的行为，但是只有当在同一种商品上使用与他人注册商标相同的商标的行为才构成犯罪。所谓未经许可，是指既包括未经商标注册人同意或者经商标注册人授权的利害关系人的同意，也包括使用许可期间届满而继续签订使用许可合同或者使用许可合同解除后的使用行为。依据《最高人民法院、最高人民检察院、公安部关于办理侵犯知识产权刑事案件适用法律若干问题的意见》第五条、第六条的规定，所谓同一种商品，是指名称相同的商品以及名称不同但指同一事物的商品。所谓名称，是指"国家工商行政管理总局商标局在商标注册工作中对商品使用的名称，通常即《商标注册用商品和服务国际分类》中规定的商品名称。'所谓名称不同但指同一事物的商品'是指在功能、用途、主要原料、消费对象、销售渠道等方面相同或者基本相同，相关公众一般认为是同一种事物的商品。"认定是否为同一种商品，"应当在权利人注册商标核定使用的商品和行为人实际生产销售的商品之间进行比较"。具有下列情形之一，可以认定为"与其注册商标相同的商标"："（一）改变注册商标的字体、字母大小写或者文字横竖排列，与注册商标之间仅有细微差别的；（二）改变注册商标的文字、字母、数字等之间的间距，不影响体现注册商标显著特征的；（三）改变注册商标颜色的；（四）其他与注册商标在视觉上基本无差别、足以对公众产生误导的商标。"

（4）主观方面表现为故意，即行为人明知某一商标是他人的注册商标，在未经注册商标所有人许可的情况下，仍然在同一种商品上使用与该注册商标相同的商标。实践中，为什么要假冒他人注册商标呢？因为可以获得非常丰厚的利润，但是刑法并没有规定该罪是以获利为构成要件,也就是说不论是出于什么动机或目的,均不影响该罪的构成。如果是出于过失,即确实不知道自己所使用的商标是他人已注册的商标,则不构成该罪,可以按一般的商标侵权行为处理。

第一款所称的依法追究刑事责任,是指依据《刑法》第二百一十三条的规定,"情节严重的,处三年以下有期徒刑或者拘役,并处或者单处罚金;情节特别严重的,处三年以上七年以下有期徒刑,并处罚金"。依据《关于公安机关管辖的刑事案件立案追诉标准的规定(二)》第六十九条规定,立案标准为:"(一)非法经营数额在五万元以上或者违法所得数额在三万元以上的;(二)假冒两种以上注册商标,非法经营数额在三万元以上或者违法所得数额在二万元以上的。"情节特别严重的是指:①非法经营数额在二十五万元以上或者违法所得数额在十五万元以上的;②假冒两种以上注册商标,非法经营数额在十五万元以上或者违法所得数额在十万元以上的。非法经营数额的计算按照以下三种情况计算:①已销售的侵权产品的价值,按照实际销售的价格计算;②制造、储存、运输和未销售的侵权产品的价值,按照标价或者已经查清的侵权产品的实际销售平均价格计算;③侵权产品没有标价或者无法查清其实际销售价格的,按照被侵权产品的市场中间价格计算。

第二款所称的构成犯罪,是指伪造、擅自制造注册商标标识或者销售伪造、擅自制造注册商标标识,构成《刑法》第二百一十五条规定的非法制造、销售非法制造的注册标识罪,构成此罪需满足如下要件:

(1)犯罪客体为破坏社会主义市场经济管理秩序,违反国家的商标管理制度以及侵犯他人注册商标的专用权。

(2)犯罪主体为企业事业单位或自然人,单位既可以是法人，也可以是非法人；个人既包括持有工商营业执照的个体工商户，亦包括没有营业执照的其他个人。

（3）客观方面表现为违反商标管理法规，伪造、擅自制造他人注册商标标识或者销售伪造、擅自制造的商标标识，情节严重的行为。客观方面规定了两种行为，一种是伪造、擅自制造注册商标标识的行为。伪造是指未经许可而按照商标注册人的商标标识样式进行制造的行为；擅自制造是指商标印制单位擅自超出商标印制合同规定数额而印制商标标识的行为。另一种是销售伪造、擅自制造注册标识的行为，只有销售属于伪造或擅自制造的注册商标标识的，才可能构成该罪。如果销售的不是伪造的或擅自制造的，如销售自己的商标标识或者他人真实的注册商标标识，就不构成该罪。

（4）主观方面只能是故意，即明知是他人的注册商标标识而仍故意伪造；或明知违反注册商标标识印制委托合同的规定，仍然故意超量制造；或明知是伪造的或擅自制造的他人注册商标标识，却仍故意销售。过失不构成该罪。

第二款所称的依法追究刑事责任，是指依据《刑法》第二百一十五条的规定，"情节严重的，处三年以下有期徒刑、拘役或者管制，并处或者单处罚金；情节特别严重的，处三年以上七年以下有期徒刑，并处罚金"。依据《关于公安机关管辖的刑事案件立案追诉标准的规定（二）》第七十一条规定，立案标准为："（一）伪造、擅自制造或者销售伪造、擅自制造的注册商标标识数量在二万件以上，或者非法经营数额在五万元以上，或者违法所得数额在三万元以上的；（二）伪造、擅自制造或者销售伪造、擅自制造两种以上注册商标标识数量在一万件以上，或者非法经营数额在三万元以上，或者违法所得数额在二万元以上的。"情节特别严重是指：①伪造、擅自制造或者销售伪造、擅自制造的注册商标标识数量在十万件以上，或者非法经营数额在二十五万元以上，或者违法所得数额在十五万元以上的；②伪造、擅自制造或者销售伪造、擅自制造两种以上注册商标标识数量在五万件以上，或者非法经营数额在十五万元以上，或者违法所得数额在十万元以上的。其中的违法经营数额按照前述的计算方式进行计算。

第三款所称的构成犯罪，是指销售明知是假冒注册商标商品的侵权行为，依据《刑法》第二百一十四条规定，构成销售假冒注册商标商品罪。构成此罪需满足如下要件：

（1）犯罪客体为国家的商标管理制度和他人注册商标专用权。

（2）犯罪主体为单位和自然人，就自然人而言，只要行为人达到了刑事责任年龄且具有刑事责任能力，实施了故意销售假冒注册商标的商品的行为，就可构成。单位犯罪的，实行两罚制，对单位判处罚金，并对直接负责的主管人员和其他直接责任人员依照本条规定追究刑事责任。

（3）客观方面表现为行为人非法销售明知是假冒注册商标的商品，销售金额数额较大的行为。所谓销售，是指以采购、推销、出售或兜售等方法将商品卖给他人的行为，包括批发和零售、请人代销、委托销售等多种形式。无论行为人采取哪一种形式，只要销售金额数额达到较大，即构成该罪。值得注意的是，这里所销售的商品不应是自己生产、制造或加工的商品。如果行为人在自己的商品上假冒他人注册商标之后又加以出售，构成犯罪的，则分别触犯了两个罪名，两者之间具有吸收关系，应择一重罪从重处罚。

（4）主观方面只能表现为故意，即明知是假冒注册商标的商品，而故意销售给他人。过失不能构成该罪。所谓明知是指确实知道和应当知道。司法实践中，有证据证明行为人曾被告知销售的是假冒注册商标的商品的，或者销售商品的进价和质量明显低于市场上被假冒的注册商标商品的进价和质量，以及根据行为人本人的经验和知识，能够知道自己销售的是假冒注册商标的商品等均应当认定明知。

第三款所称的依据追究刑事责任，是指依据《刑法》第二百一十四条规定，"销售金额数额较大的，处三年以下有期徒刑或者拘役，并处或者单处罚金；销售金额数额巨大的，处三年以上七年以下有期徒刑，并处罚金。"依据《关于公安机关管辖的刑事案件立案追诉标准的规定（二）》第七十条规定，立案标准为："（一）销售金额在五万元以上的；（二）尚未销售，货值金额在十五万元以上的。"数额巨大是指销售金额在二十五万元以上的。

第六十八条 商标代理机构的法律责任

【第六十八条】商标代理机构有下列行为之一的，由工商行政管理部门责令限期改正，给予警告，处一万元以上十万元以下的罚款；对直接负责的主管人员和其他直接责任人员给予警告，处五千元以上五万元以下的罚款；构成犯罪的，依法追究刑事责任：

（一）办理商标事宜过程中，伪造、变造或者使用伪造、变造的法律文件、印章、签名的；

（二）以诋毁其他商标代理机构等手段招徕商标代理业务或者以其他不正当手段扰乱商标代理市场秩序的；

（三）违反本法第四条、第十九条第三款和第四款规定的。

商标代理机构有前款规定行为的，由工商行政管理部门记入信用档案；情节严重的，商标局、商标评审委员会并可以决定停止受理其办理商标代理业务，予以公告。

商标代理机构违反诚实信用原则，侵害委托人合法利益的，应当依法承担民事责任，并由商标代理行业组织按照章程规定予以惩戒。

（四）对恶意申请商标注册的，根据情节给予警告、罚款等行政处罚；对恶意提起商标诉讼的，由人民法院依法给予处罚。

本条是关于商标代理机构法律责任的规定。

第一款所称的商标代理机构，是指依法向商标局进行备案,并取得备案许可,可以接受委托人的委托,以委托人的名义办理商标注册申请、变更、转让、续展注册等有关商标事宜的代理机构,包括经工商行政管理部门登记从事商标代理业务的服务机构和从事商标代理业务的律师事务所。自然人、法人或者其他组织在生产经营活动中,需要申请商标注册的,可以自行向商标局提出商标注册申请,也可以委托商标代理机构提出商标注册申请;但对于外国人或者外国企业在中国申请商标注册和办理其他商标事宜的,应当委托依法设立的商标代理机构办理。商标注册申请是一项具有技术含量的申请活动,因专业知识的缺乏,实际中多数的申请人还是委托专业的代理机构办理,如商标事务所和律师事务所等。所以将商标注册申请和其他商标事宜委托专业代理机构代理是常态。代理业务的专业化将加剧代理机构之间的竞争,且随着代理业务的不断深入,商标机构与委托人之间的接触越来越频繁,商标代理机构除代理非诉的商标申请以及其他商标事宜业务外,也会接受委托人的一些商标诉讼案件。为应对激烈的商标代理以及商标诉讼业务的竞争,有一些商标代理机构可能会突破底线,作出些不但损害委托人的合法权益,更损害有序商标代理市场秩序的行为。

第一款所称的伪造,是指编造、捏造、以假乱真,即无权制作者制作假的公文、证件或印章。

第一款所称的变造,是指对真实的公文、证件或印章利用涂改、擦消、拼接等方法进行加工、改制,以改变其真实内容。

第一款所称的法律文件,是指与商标注册申请及其他商标事宜有关的法律文件和资料。

第一款所称的印章,是指加盖于文件资料上用于证明该文件资料出处和效力的章。

第一款所称的签名,是指签署于相应的文件和资料上,用于表示同意、认可该文件和资料的内容。

第一款所称的诋毁，是指以毁谤、污蔑等手段贬损其他商标代理机构名誉，其目的在于通过贬低竞争对手，抬升自己以招徕业务。

第一款所称的不正当手段，是指依据《商标法实施条例》第八十八条的规定，其他不正当手段包括："（一）以欺诈、虚假宣传、引人误解或者商业贿赂等方式招徕业务的；（二）隐瞒事实，提供虚假证据，或者威胁、诱导他人隐瞒事实，提供虚假证据的；（三）在同一件商标案件中接受有利益冲突的双方当事人委托的。"商标代理市场竞争激烈，个别商标代理机构为获得业务，并不是凭借专业技术和优质服务吸引和争取客户，而是通过本条所述的诋毁以及其他不正当手段招徕业务，有一些商标代理从业人员，因专业水准以及法律意识淡薄，又亟需获取业务，通常会不顾一切；甚至有时不惜铤而走险，触犯法律，最终被追究刑事责任。

第一款所称的违反《商标法》第四条，是指不以使用为目的的恶意注册申请，应当予以驳回。商标的意义在于使用，申请商标的目的是使用在商品或者服务上以此来区分商品和服务的来源。但实践中却有大量的申请人申请商标的目的是为了囤积商标，不正当占有有限的商标资源。为了改善这一局面，《商标法》第四条增加了"不以使用为目的的商标注册申请，应当予以驳回"这一条，使商标注册以及商标使用回归到商标法意义上的商标使用。

第一款所称的违反《商标法》第十九条第三款和第四款规定，是指在出现法定情形时，商标代理机构明确告知委托人不得接受其委托。商标代理机构知道或者应当知道委托人申请注册的商标属于本法第十五条和第三十二条规定情形的，不得接受其委托，即代理机构知道或者应当知道委托人未经授权以自己名义将他人商标进行申请注册，或者委托人申请商标注册损害他人现有的在先权利的，商标代理机构不得接受委托，代其办理相关业务。商标代理组织除对其代理服务申请商标注册外，不得申请注册其他商标。即便该商标代理机构营业范围内还有其他类别的商品可以注册，也是不允许的，这一规定让商标代理机构真正回归到其角色本身，即代理商标注册申请及其他商标事宜。

第一款所称的恶意申请和恶意诉讼，是指扰乱商标市场秩序和浪费司法资源的行为。商标代理机构通常会凭借其专业技能和在商标申请过程中的优势地位恶意通过商标申请和商标诉讼谋取不正当利益，该行为不但严重损害了委托人或者恶意商标诉讼相对人的合法权益，甚至还浪费了有限的商标资源和行政资源，应当进行处罚，故本条规定可以进行警告，情节严重的还可以进行罚款；恶意提起商标诉讼的，由相应的人民法院进行训诫、罚款等处罚措施；涉嫌虚假诉讼的，还可能被追究刑事责任。

第二款所称计入诚实信用档案，是指工商行政管理部门将商标代理机构的不良记录计入档案。商标代理机构信用档案是客观反映商标代理机构遵守法律、法规，依法开展商标代理活动的情况记录。一旦有不良记录计入商标代理机构信用档案，将会给该商标代理机构的业务开展造成不必要的影响。正常情况下，商标注册申请人在选择商标代理机构时，会选择信用记录良好的商标代理机构办理。也就是说，只有拥有良好信用记录的商标代理机构，才可能在日益激烈的市场竞争中立足。因此，商标代理机构在从事商标代理业务中，须遵守诚实信用原则，遵守各项法律法规，这些有利于营造良好的商标代理市场秩序。

第二款所称的暂停受理商标代理机构的商标代理业务，

是指工商行政管理部门根据商标代理机构违法行为的性质、发生的次数、违法所得数额大小等多种因素对其违法行为所作出的一种处罚措施。适用该处罚措施的前提是要达到情节严重，情节严重要结合商标代理机构违法行为的性质、发生频率、违法所得数额多少等多种因素综合确定。

第二款所称的商标局或者商标评审委员会，是指有权作出暂停商标代理机构商标代理业务的主体。依据《商标法实施条例》第九十条的规定："商标局、商标评审委员会决定停止受理该商标代理机构办理商标代理业务六个月以上直至永久受理的决定，应当在其网站上予以公告，便于相关当事人或者委托人及时知晓商标代理机构的上述违法行为。停止受理商标代理业务的期间届满后，商标局、商标评审委员会应当恢复受理。"由此来看，商标代理机构一旦因违规而受到处罚的，其后果是相当严重的，若是永久停止受理商标代理业务，将会使该商标代理机构遭受重大损失，甚至歇业关门。

第三款所称的依法承担民事责任，是指商标代理机构违反诚实信用原则，侵害委托人合法权益的，所应接受的一种惩罚措施。商标代理机构因故意或者重大过失给委托人造成损失的，依法应当承担民事责任，既包括违约责任，也包括侵权责任。违约责任是指商标代理机构依照合同的约定，当一方违约时应当承担的责任，如未按照合同约定及时提交商标申请文件等；侵权责任是指对委托人的合法权益造成损害，如泄露在代理过程中知悉的商业秘密等。当违约责任和侵权责任出现竞合时，委托人可以依据《合同法》第一百二十二条的规定选择是要求违约责任还是侵权责任。依据《商标法》第二十条的规定，商标代理行业组织对违反行业自律规范的会员进行惩戒，同时予以公告。

第六十九条　国家机关工作人员的行为规范

【第六十九条】从事商标注册、管理和复审工作的国家机关工作人员必须秉公执法，廉洁自律，忠于职守，文明服务。

商标局、商标评审委员会以及从事商标注册、管理和复审工作的国家机关工作人员不得从事商标代理业务和商品生产经营活动。

本条是关于从事商标注册、管理、复审的国家机关工作人员行为规范的规定。

本条第一款所称的从事商标注册的国家机关工作人员，是指负责商标注册申请、变更、转让、许可等事项的国家机关工作人员，如商标注册申请中履行审查、备案等职能的人员。

第一款所称的从事商标管理的国家机关工作人员，是指对商标在使用过程中进行指导、纠正以及查处假冒伪劣和侵权行为等的国家机关工作人员，如通过商标管理，制止欺骗消费者的行为以及根据当事人的请求对侵犯商标权的行为进行查处和调解等。

第一款所称的从事商标复审的国家机关工作人员，是指对不服商标局决定提起复审请求和对请求无效宣告进行审查和处理的国家机关工作人员，如对驳回申请复审、不予注册复审、撤销复审以及无效宣告等进行审查和处理。

第一款所称的秉公执法、廉洁自律、忠于职守、文明服务，是指要求从事商标注册、管理和复审工作的国家机关工作人员行使职权时所应当遵守的行为规范。将上述行为规范明确写入法律，不仅是从基本道德准则的层面进行要求，更是上升到了法律的层面。从法律的层面上来说，商标局和商标评审委员会作为国家的行政机关，负责商标注册和管理以及商标复审工作，具体负责行使这些职权的是商标局、商标评审委员会以及各级工商行政管理部门的工作人员，这些工作人员不能做到廉洁奉公、忠于法律的话，导致的结果将会是权利的行使扭曲变形，国家关于商标的相关法律规定得不到落实，也可能损害本来有序的商标市场管理秩序，影响注册商标专用权的保护，不利于《商标法》第一条商标法立法宗旨的实现。

第二款所称的商标代理业务，依据《商标法释义》第六十九条，是指接受他人委托，代为办理商标注册、续展、转让、许可、异议、争议处理等与商标有关的业务❶。

第二款所称的商品生产经营活动，依据《商标法释义》第六十九条，是指从事商品的加工、生产、销售及相关服务活动。❷

立法本意不限于上述两种情况，应当是禁止上述人员从事一切经商、办企业以及参与其他营利性的经营活动，力图从根本上杜绝腐败、徇私舞弊甚至索贿、受贿以及其他补正谋取私利现象的发生。

---

❶❷ 商标法释义 [EB/OL]. [2020-02-10]. http://www.npc.gov.cn/zgrdw/npc/flsyywd/minshang/2013-12/24/content_1819922.htm.

第七十条　内部监督

【第七十条】工商行政管理部门应当建立健全内部监督制度，对负责商标注册、管理和复审工作的国家机关工作人员执行法律、行政法规和遵守纪律的情况，进行监督检查。

本条是关于工商行政管理部门健全内部监察制度的规定。本条所称的内部监察制度，依据《商标法释义》第七十条，是指国家机关对其内部机构及其人员所实行的一种监督约束制度。[1] 监督约束的对象是工商行政管理部门内部负责商标注册、管理和复审工作的国家机关工作人员。《商标法》第二条规定，商标局和商标评审委员会负责全国的商标注册、管理和商标争议的处理工作，该两个部门行使的是国家赋予的行政职权，为避免权利乱用，有必要在工商行政管理部门内部设立监察制度。"建立健全"包含了两方面的内容，建立是指原来没有的，现建立一套新的制度；健全是指原来有一套制度，但不完善，需要进行完善。建立健全内部监察制度是从制度层面上规范商标局、商标评审委员会以及其他从事商标注册、管理、复审的国家工作人员行使职权的行为。

本条所称的执行法律、行政法规的情况，依据《商标法释义》第七十条，是指依法行使权力和履行职责，以及遵守

---

[1] 商标法释义［EB/OL］.［2020-02-10］. http://www.npc.gov.cn/zgrdw/npc/flsyywd/minshang/2013-12/24/content_1819922.htm.

法定程序办理法定事项❶。

本条所称的遵守纪律的情况，依据《商标法释义》第七十条，是指遵守廉洁自律准则、工作纪律及其他纪律的情况。❷

---

❶❷ 商标法释义［EB/OL］.［2020-02-10］. http://www.npc.gov.cn/zgrdw/npc/flsyywd/minshang/2013-12/24/content_1819922.htm.

第七十一条　国家机关工作人员的法律责任

【第七十一条】从事商标注册、管理和复审工作的国家机关工作人员玩忽职守、滥用职权、徇私舞弊，违法办理商标注册、管理和复审事项，收受当事人财物，牟取不正当利益，构成犯罪的，依法追究刑事责任；尚不构成犯罪的，依法给予处分。

本条是关于从事商标注册、管理和复审工作的国家机关工作人员违法行为的处罚规定。

本条所称的国家机关工作人员，是指商标局、商标评审委员会中从事商标注册、管理、复审的国家机关工作人员，也包括地方各级工商行政管理部门从事商标管理的国家机关工作人员。从事商标注册、管理和复审工作的国家机关工作人员应当秉公执法，廉洁自律，忠于职守，文明服务。但在实际工作中，有人为追逐个人私利，收受当事人财物，牟取不正当利益，出现了一些违反法定职责的行为，如本条的玩忽职守、滥用职权、徇私舞弊等。

本条所称的玩忽职守，是指国家机关工作人员在商标注册申请、变更、转让、续展、复审以及无效等过程中没有履行相应职责。具体表现为，不履行或者不及时履行告知义务，没有进行必要的检索，丢失文件造成泄密，没有按照规定及时进行公告等。

本条所称的滥用职权，是指国家机关工作人员在商标注册申请、变更、转让、续展、复审以及无效等过程中，对明知不符合条件的申请进行公告，对明知不符合续展注册条件的进行续展注册等。

本条所称的徇私舞弊,是指国家机关工作人员在商标注册申请、变更、转让、续展、复审以及无效等过程中,国家机关工作人员恶意抢注他人的商标;相关工作人员收受财物,违法进行公告以及违法驳回真正权利的异议等。

本条所称的收受当事人财物,是指国家机关工作人员在商标注册申请、变更、转让、续展、复审以及无效等过程中,利用工作上的便利,收受他人财物的行为。

本条所称的牟取不正当利益,是指国家机关工作人员在商标注册申请、变更、转让、续展、复审以及无效等过程中,利用职权或者工作上的便利,获取非法利益的行为。

本条所称的构成犯罪,是指从事商标注册、管理和复审工作的国家机关工作人员玩忽职守、滥用职权、徇私舞弊,违法办理商标注册、管理和复审事项情节严重的,依据《刑法》的规定,可能构成第三百九十七条规定的滥用职权罪和第三百八十五条规定的受贿罪。

所谓滥用职权罪,依据《刑法》第三百九十七条的规定,是指从事商标注册、管理和复审工作的国家机关工作人员滥用职权或者玩忽职守,致使公共财产、国家和人民利益遭受重大损失的,构成滥用职权罪。其犯罪构成要件如下:

(1) 犯罪客体是国家机关的正常活动,即从事商标注册、管理、复审的国家机关工作人员逾越职权,阻碍了国家关于商标法律规定的有效执行。

(2) 犯罪主体是从事商标注册、管理、复审的国家机关工作人员。既包括商标局、商标评审委员会从事商标注册、管理、复审的国家机关工作人员,也包括地方各级工商行政管理机关的商标管理人员。

(3) 客观方面表现为玩忽职守、滥用职权、徇私舞弊,致使公共财产、国家和人民利益遭受重大损失的。

（4）主观方面表现为故意，即行为人明知自己滥用职权的行为会致使公共财产、国家和人民利益遭受重大损失，且希望或者放任这种结果发生。从司法实践来看，对危害结果持间接故意的情况比较多见。

所谓受贿罪，依据《刑法》第三百八十五条规定，是指从事商标注册、管理和复审工作的国家机关工作人员利用职务上的便利，索取他人财物或者非法收受他人财物，为他人谋取利益的的行为。其犯罪构成要件如下：

（1）犯罪客体是国家机关工作人员的职务廉洁性。

（2）犯罪主体为从事商标注册、管理、复审的国家机关工作人员。既包括商标局、商标评审委员会从事商标注册、管理、复审的国家机关工作人员，也包括地方各级工商行政管理机关的商标管理人员。

（3）客观方面表现为行为人利用职务上的便利，索取他人财物，或者非法收受他人财物，为他人谋取利益。具体表现为索贿和收受贿赂的情形，索贿是指主动向他人索要财物，收受贿赂是指非法收受他人财物。至于谋取的利益是否正当并不影响该罪的认定。

（4）主观方面表现为故意，包括直接故意和间接故意。

本条所称的依法追究刑事责任，是指构成滥用职权罪的，依据《刑法》第三百九十七条的规定，"致使遭受重大损失的，处三年以下有期徒刑或者拘役；情节特别严重的，处三年以上七年以下有期徒刑"。从事商标注册、管理和复审工作的国家机关工作人员徇私舞弊，犯上述罪行的，处五年以下有期徒刑或者拘役；情节特别严重的，处五年以上十年以下有期徒刑。

构成受贿罪的，依据《刑法》第三百八十六条以及第三百八十三条的规定:"(一)贪污数额较大或者有其他较重情节的,处三年以下有期徒刑或者拘役,并处罚金。(二)贪污数额巨大或者有其他严重情节的,处三年以上十年以下有期徒刑,并处罚金或者没收财产。(三)贪污数额特别巨大或者有其他特别严重情节的,处十年以上有期徒刑或者无期徒刑,并处罚金或者没收财产;数额特别巨大,并使国家和人民利益遭受特别重大损失的,处无期徒刑或者死刑,并处没收财产。对多次贪污未经处理的,按照累计贪污数额处罚。"依据2016年4月18日施行的《最高人民法院、最高人民检察院关于办理贪污贿赂刑事案件适用法律若干问题的解释》第一条、第二条、第三条的规定,受贿数额在三万元以上不满二十万元的,应当认定为数额较大;受贿数额在二十万元以上不满三百万元的,应当认定为数额巨大;受贿数额在三百万元以上的,应当认定为数额特别巨大。其他较重情节或者其他严重情节以及其他特别严重情节可以详细参照上述司法解释。若是索贿的,应当从重处罚。

  本条所称的依法给予处分,是指对于从事商标注册、管理和复审工作的国家机关工作人员玩忽职守、滥用职权、徇私舞弊,但情节显著轻微,危害性不大,依法所给予的行政处分。依据2019年6月1日施行的《中华人民共和国公务员法》第六十二条的规定处分分为:警告、记过、记大过、降级、撤职、开除;其中第六十四条受处分的期间为:警告,六个月;记过,十二个月;记大过,十八个月;降级、撤职,二十四个月。具体给予何种处分,由国家机关或者上级主管部门视不同情况作出。

第八章
附　则

第七十二条　商标事宜应当缴纳费用

【第七十二条】申请商标注册和办理其他商标事宜的，应当缴纳费用，具体收费标准另定。

本条是关于申请商标注册和办理其他商标事宜应当缴纳费用的规定。

本条所称的应当缴纳费用，是指申请商标注册和办理其他商标事宜，应当缴纳相应的费用。一是因为商标局以及商标评审委员会主要是为商标注册申请人和注册商标专用权人的利益而设立的机构，这一机构为了履行其职责，需要大量的开支，按照"谁受益，谁付费"的原则，这笔开支应当由使用商标局和商标评审委员会服务的人，即商标注册申请人和注册商标专用权人负担，而不应当由全体纳税人负担；二是收费可以起到经济杠杆的作用，收费可以促使商标注册申请人和注册商标专用权人或者其他申请人在向商标局或者商标评审委员会提出相关请求前考虑一下，是否有必要向商标局或者商标评审委员会提出商标注册申请或者办理其他商标事宜。这样可以减少一些不必要的工作量，使商标局或者商标评审委员会集中力量把必要的工作做好。

本条确定了提出商标注册申请和办理其他商标事宜应当缴纳费用的原则,但并没有明确费用的项目、标准、缴纳时间、缴纳方式等。随着我国经济社会的快速发展,收费标准也需要不断地进行调整,因此收费标准没有在法律中作出详细的规定。

依据原国家计委、财政部计价格〔1995〕2404号文件和国家发改委、财政部发改价格〔2015〕2136号文件,财政部、国家发展改革委财税〔2017〕20号文件,具体的收费项目包括:受理商标注册费、受理集体商标注册费、补发商标注册证费、受理转让注册商标费、受理商标续展注册费、受理续展注册延迟费、受理商标评审费、商标异议费、变更费、出具商标证明费、撤销商标费、商标使用许可合同备案费,所有以上需要交纳的费用均应在提出申请的同时进行缴纳。

依据原国家计委、财政部价格〔1995〕2404号文件,国家发改委、财政部发改价格〔2015〕2136号文件,财政部、国家发展改革委财税〔2017〕20号文件和国家发展改革委、财政部发改价格〔2019〕914号文件,新公布的的收费标准自2019年7月1日起实施,其中将纸质申请和电子申请作出了不同的收费标准,具体的收费标准详见商标局官网公布的信息,该收费标准由国务院以及商标局等部门根据实际情况适时进行调整。具体的收费标准,以有关主管部门的最新通知或者规定为准。

缴纳费用可以直接到注册大厅使用现金缴纳,也可以通过银行转账直接支付至商标局的账户。委托商标代理组织办理,申请人无须直接向商标局汇款缴纳费用,由代理机构向商标局支付商标规费。

除以上缴纳方式外,还可以依据商标法规定的其他缴纳方式进行缴纳。

第七十三条　施行日期及效力

【第七十三条】本法自 1983 年 3 月 1 日起施行。1963 年 4 月 10 日由国务院公布的《商标管理条例》同时废止；其他有关商标管理的规定，凡与本法抵触的，同时失效。

本法施行前已经注册的商标继续有效。

本条是关于施行日期以及已经注册的商标继续有效的规定。

本条所称的生效，是指商标法的生效时间，即现行商标法从什么时间开始发生效力的问题。《中华人民共和国立法法》第五十一条规定："法律应当明确规定施行日期"，也就是说任何法律颁布时都应当有明确的施行日期。我国现行《商标法》是从 1983 年 3 月 1 日开始施行的，期间历经多次修改，2019 年《商标法》的修改条款以及新增加的内容自 2019 年 11 月 1 日起施行。

本条所称的凡与本法抵触的，同时失效，是指新的商标法施行以后，原来存在的低位阶的法律规范如果与新的商标法相抵触的话，应当无效。那么相反，如果原来存在的低位阶的法律规范如果与新的商标法规定相一致的话，理论上可以继续使用。但有新的商标法颁布并施行，再去使用原来旧有的法律规定，毫无意义。为此，本条规定商标法施行后，1963 年 4 月 10 日由国务院公布的《商标管理条例》同时废止，其他有关商标管理的规定，凡是与本法抵触的，同时失效。

本条所称的本法施行前已经注册商标继续有效，是指商标法对其生效以前已经发生的事件和行为不具有溯及力。《中华人民共和国立法法》第八十四条规定："法律、行政法规、地方性法规、自治条例和单行条例、规章不溯及既往，但为了更好地保护公民、法人和其他组织的权利和利益而作的特别规定除外。"也就是说，新颁布的法律没有溯及既往的效力，不适用其生效以前发生的事件和行为，如需要适用，则应当特别说明。为此，本条特别规定，"本法施行前已经注册的商标继续有效"。

后 记

本书写于笔者从事专职律师工作的期间，作为江苏昆成律师事务所的主任，因忙于律所管理和带领律师团队建设，故写作时间较为松散。本书的写作从 2017 年年底开始，历时一年半左右，即将完稿时，又经历了 2019 年《商标法》的修改，于是回过头来，纵览全书，结合 2019 年新增加的条款和修改的内容进行修正。正式完稿之日恰逢中国传统节日——端午节，仲夏端午，享受美味粽子的同时翻看着朋友圈的祝福，完稿后的轻松不言而喻，优哉美哉！

笔者大学毕业后就来到了江南水乡，就职于一家大型的电子公司，作为一个工科男，却有着一个成为大律师的梦想。带着对法律的敬畏和践行法律公平正义的初衷，2007 年 9 月一次性高分通过国家统一法律职业资格考试。初入律师行业，凭借工科的背景，将自己的执业领域定位于具有无限光明前景的知识产权。为争取更多的执业资格，2008 年开始漫漫的专利代理人资格考试，挣扎了四年后，终于取得了专利代理人资格证，之后相继取得了专利代理执业证和商标代理人从业资格等。最后决定从事商标代理业务，在于商标的潜在商业价值更大一些，商标权利边界时而清晰可见，时而模糊不定，以及商标法律条文的无穷魅力让人感觉奇妙无穷，诱我不断深入，于是通过对商标法条文本身的研习和对相关专著的拜读，再加上多年来的从业感悟，以及无数个漫漫长夜，终成此书。

  在本书撰写过程中，需要感谢的人以及令我感动的事情太多太多。感谢我的好友王剑宇对于本书给予的大力指导，他多次异地赶过来给予我创作上的思路与构架指导，来回二百余公里，不辞劳顿，很是辛苦。感谢律师团队冯媛媛律师无怨无悔的工作分担，感谢昆成律师事务所刘尚轲律师、徐彩珠律师为我分担律所管理的工作，以及其他同事对我的关心与帮助。

  非常感谢爱妻焦丽伟律师以及两个小宝贝儿，是他们给了我事业上很多的支持与理解，尤其是在文思枯竭和思路混乱时，是他们给我带来笑声和欢乐，让我在创作苦闷时有一些心灵上的慰藉。感谢亲爱的妈妈，在我深夜写作时亲手制作家乡的小馄饨，吃上一口，困意全无，立刻又文思泉涌。

  最后，望本书能够为初入商标行业的律师和司法工作者在商标法的理解与使用上提供一丝的帮助，这也是本书的写作目的。商标法理论和业务博大精深，希我辈无所畏惧，力争上游，为商标业务的发展贡献一份力量。

袁春晓
于江苏昆山金泰国际中心